Babajis Anleitung zum Glücklichsein

Lerne dich selbst kennen
mit all deinen Facetten

Impressum

Überarbeitete Neuauflage 2024

Herausgeber: Dr. Gerhard Rackur
Weimarer Str. 17, 65510 Idstein

OMRA-Lichtboten GbR
Thomas & Petra Sollgruber
99848 Wutha-Farnroda, OT Mosbach

Satz: Shantima Petra Sollgruber & Dr. Gerhard Rackur

Lektorat: Dr. Gerhard Rackur

Umschlaggestaltung: Thomas Sollgruber
nach einem Bild der Eisenacher Malerin Christine Geiß

ISBN 978-3-757916-38-1

Originalausgabe im August 2008

omra-lichtboten.de
mail@omra-lichtboten.de

Herstellung und Druck über tolino media GmbH & Co. KG,
Albrechtstr. 14, 80636 München. Printed in Germany.
Fragen zu Produktsicherheit an: gpsr@tolino.media.

Babajis
Anleitung zum Glücklichsein

Lerne dich selbst kennen
mit all deinen Facetten

Shantima Petra Sollgruber

Das OM zwischen den Kapiteln
ist von Babaji selbst gezeichnet.
Es ist seine Handschrift.

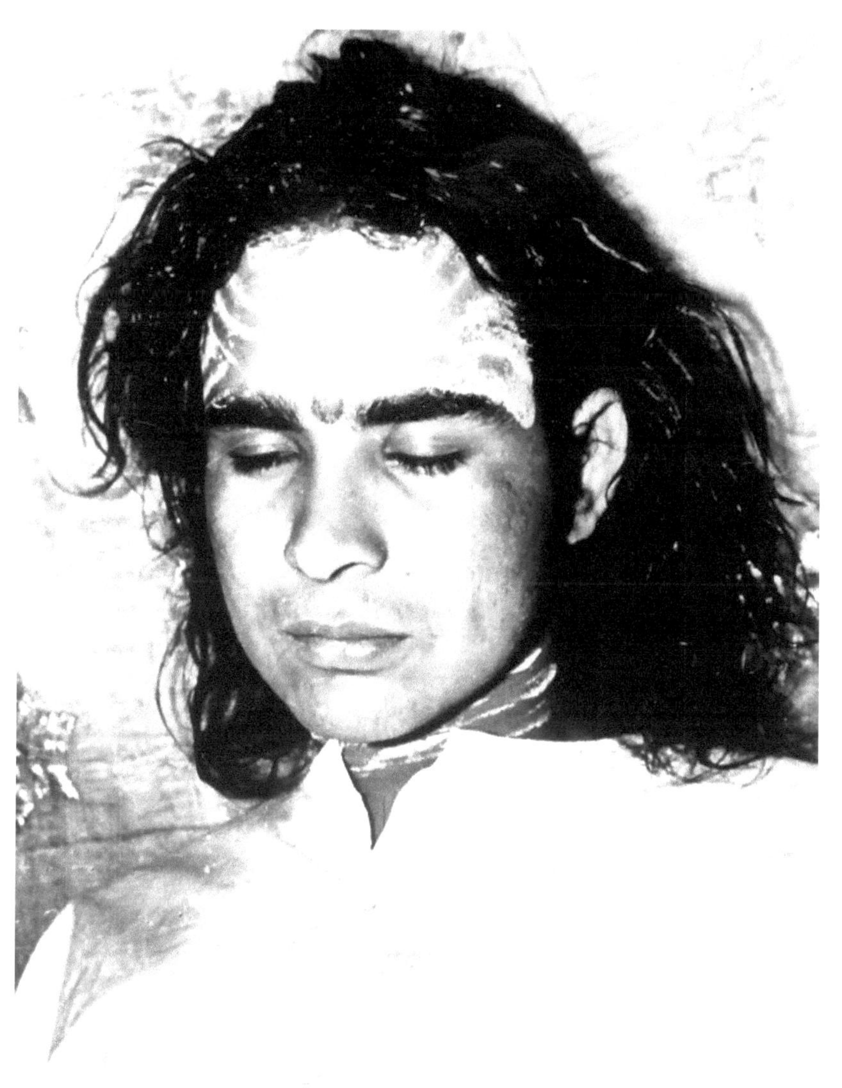

Inhalt

Vorwort zur 2. Auflage

von Dr. Gerhard Rackur

„Zufall ist das Pseudonym, das sich Gott zulegt, wenn er unerkannt bleiben will“, sagte Albert Schweitzer.

Wenn Sie, liebe Leserin und lieber Leser, ‘zufällig’ – auf welchen Wegen auch immer – zu diesem Buch gefunden haben und beginnen, es zu lesen, dann trifft dieses wunderbare Zitat auf Sie nicht mehr zu: Spätestens jetzt will und wird Gott sich Ihnen zu erkennen geben.

Genau das ist auch meine persönliche Erfahrung gewesen: Durch eine Reihe von ‘Zufällen’, auf die ich im Nachwort noch näher eingehen werde und die sich im Nachhinein als wunderbare Fügung und Führung erwiesen, hatte sich für mich die reizvolle und erfüllende Aufgabe ergeben, an dieser Neuauflage aktiv mitzuwirken und das Lektorat zu übernehmen, bevor ich das Buch überhaupt gelesen hatte.

Als ich Shantima Petra Sollgruber persönlich kennenlernte, war ich tief bewegt von ihrem Schicksal und ihrem Lebensweg:

So schildert Shantima am Anfang des Buches, wie sie eine schwere persönliche Krise, einen Tiefpunkt in ihrem Leben durchlebt, aber schließlich auch durchschritten hat und wie das der Ausgangspunkt wurde für ihren Prozess des Erwachens, der dazu führte, dass sie begann, mit GOTT zu kommunizieren.

Wenn Sie jetzt vielleicht Zweifel haben, ob das für einen ‘normalen Menschen’ überhaupt möglich sein kann, dann lassen Sie sich vertrauensvoll von Shantima auf ihrem Weg mitnehmen. Sie lässt uns als Leser teilhaben an ihren eigenen Zweifeln und inneren Kämpfen. Gerade das macht den Charme dieses Buches aus: Wir erkennen uns darin selbst wieder! Und sie lässt uns auch wissen, dass ihr Vertrauen in die göttliche Hilfe nie enttäuscht wurde.

Ein Beispiel:

> „Inzwischen sind einige Tage vergangen. Ich hatte viele zermürbende Gedanken und Zweifel ... Ein alter Freund kam überraschenderweise vorbei und lieh mir das Buch 'Freundschaft mit Gott' von Neale Donald Walsch. Er gab es mir genau in dem Moment, als ich nicht recht glauben wollte, dass ich *Gott* hören kann – es war unbeschreiblich erleichternd zu erfahren, dass *Er* noch zu anderen einfachen Menschen auf diese Weise spricht."

Wieder ein wegweisender 'Zufall' zur rechten Zeit ...

Gott selbst sagt im ersten Teil von Shantimas Buch zum gleichen Thema und zu unseren – allzu menschlichen – Zweifeln:

> „Ich kann nur zu euch sprechen, wenn *ihr* bereit seid, mich zu hören. Ein Beispiel? So, wie ihr eure Fernseher auf einen gewissen Sender einstellt, indem ihr euch entscheidet, ein Programm *eurer Wahl* anzusehen und zu hören, so könnt ihr 'euren Sender und Empfänger' – nämlich *euer Herz* – auf mich einstellen. Und genau das tut ihr durch *eure Bereitschaft*. Das ist alles und das ist einfach."

Die Stimme Gottes nehmen wir am besten in der Stille, in Meditation wahr. Und je geduldiger und genauer wir unsere 'Antenne' (*unser Herz)* auf das 'Programm Gottes' (*Licht und Liebe*) ausrichten, um so leichter fällt es uns, Störsender und Nebengeräusche, wie zum Beispiel Zweifel, Ängste oder Sorgen, auszublenden,

> „ ... und dann nehmen wir wahr, wie Gott hinter jenen unwirklichen Wolken lächelt" (Sri Aurobindo).

Der erste Teil des Buches besteht – neben einer kurzen Einleitung 'Wie alles begann' – aus Shantimas Gesprächen mit Gott.

Eine Kernaussage von Gott aus diesem Teil lautet:

„Ich bin Du. – UND – Du bist ich.
Alles ist in Dir – glaube an Dich.
Alles, was du wissen musst, steht in diesem einen Satz.“

Das Buch könnte mit diesem Satz eigentlich enden, denn damit ist wirklich ALLES gesagt.

Aber, so erklärt uns Babaji an anderer Stelle, diese Wahrheit ist in dieser ‘Erdenzeit’ für den größten Teil der Menschheit noch nicht ganz nachvollziehbar. [...] „Es geht darum, dass Ihr Menschen Euch wieder *erinnert*, dass Ihr Liebe seid – aus Liebe erschaffen“.

In dem von Shantima mehrfach erwähnten Buch ‘DER KURS ZUM SELBST‘ von Roger Lanphear beschreibt Babaji im ersten Kapitel ‘*Im Herzen Zentrieren*’ diese Situation mit folgenden Worten:

> „Du bist schöner, als Du es Dir jemals hast vorstellen können. Du bist eine Blume des Himmels in voller Blüte. Doch aus irgendeinem Grunde, der nicht wichtig ist – der zumindest die Nachforschung nicht lohnt –, verstehst Du Deine Göttlichkeit nicht. [...] Jenseits dessen, was Du zu sein glaubst, ist Dein wahres SELBST – lebendig, vibrierend in Liebe und der Quell Deines Glücks und Deiner Fülle.“

Das ist genau die Absicht im zweiten Teil dieses Buches, was Sie genau jetzt in Händen halten:

„Lerne Dich selbst kennen mit all Deinen Facetten“:

zu entdecken, wer wir *wirklich* sind –
unser SELBST wiederzuentdecken.

Auf liebevolle Weise begleitet uns Babaji auf dem Weg durch viele Situationen unseres Alltagslebens und durch viele Facetten unserer Persönlichkeit und zeigt uns in leuchtender Klarheit, wie wir unser SELBST, unsere Göttlichkeit leichter erkennen können.

Er sagt uns:

In Deinem eigenen Inneren befindet sich der Ort,
wo du Glück empfinden kannst.
Du brauchst nirgendwohin zu gehen. Nirgendwohin.
Du trägst den Ort, wo Du glücklich sein kannst,
die ganze Zeit in Dir.
Egal, wo Du Dich im Außen befindest. Genial.
Der Ort, der Dir Frieden bringt, ist immer da. Immer.
Du brauchst nur die Richtung zu ändern. Freiwillig.
Das ist alles.
Ist das nicht wunderbar?

So ist dieses Buch ein Wegweiser zum Glücklichsein,
zum Glücklich SEIN.

Lassen Sie mich jetzt noch einmal zum Beginn meines Vorwortes zurückkehren:

Im ersten Teil des Buches sagt *Gott* über Babaji folgendes:

> „Er leitet viele Menschen an. Aber meistens geschieht es im Verborgenen für andere. Babaji spricht von Herz zu Herz. Es ist eine große Gnade, Babaji als Meister zu haben.“

Liebe Leserin, lieber Leser, erkennen Sie hier in seiner Wortwahl *„im Verborgenen für andere“* eine gewisse Ähnlichkeit zu dem Zitat von Albert Schweitzer „ *…, wenn er unerkannt bleiben will*“?

Vielleicht hatte Babaji ja schon seine Hände im Spiel, als Sie ‘zufällig’ auf dieses Buch stießen?

Eine erfüllende und glückliche Reise zu sich SELBST
wünsche ich Ihnen mit diesem Buch –
von Herz zu Herz!

Dr. Gerhard Rackur

Über Babaji

Dieses Buch ist ein Geschenk der geistigen Welt. Ein Geschenk von Babaji an uns, damit wir die Wahrheit des irdischen Daseins direkt aus der göttlichen Quelle erfahren und uns schneller erinnern können, wer wir in *Wahrheit* sind.

Wer ist Babaji? Sein Name wurde der westlichen Welt bekannt gemacht durch Paramahansa Yogananda's 'Autobiographie eines Yogi'. Mahavatar* Babaji wirkt seit Anbeginn der Zeiten für die Menschheit in demütiger Verborgenheit und erscheint auch von Zeit zu Zeit in menschlicher Gestalt, um uns Menschen zu Gott und zu geistigen Werten hinzuführen.

Seine letzte Verkörperung datiert auf den Zeitraum von 1970 bis 1984. Von Haidakhan Vishwa Mahadham aus, einem kleinen Dorf am Fuße des Kumaon Gebirges im Himalaya, verbreitete er seine Botschaft der Wahrheit, Einfachheit und Liebe.

Babaji ist allgegenwärtig. Wir finden ihn in unseren Herzen, wenn wir aufrichtig nach ihm suchen. „Wer mich ruft aus tiefstem Herzen, zu dem komme ich augenblicklich." Das, was er verkörpert, ist wahre Liebe. Liebe als das Bewusstsein, dass alle Geschöpfe eins mit Gott sind, dass wir alle eins sind. Bedingungslos.

Deshalb ist er hier. Er ist gekommen, um in unseren Herzen die Flamme der Wahrheit – der Liebe – zu entzünden. Und nur wer lernt, sein eigenes wahres Selbst wahrzunehmen, erkennt dadurch, dass die Essenz eines jeden Menschen Liebe ist.

Mit einem solchen Bewusst-Sein ist es möglich, eine friedvolle Welt zu erschaffen. Denn jeder, der die Liebe in seinem Herzen wieder wahrnimmt, nimmt auch wahr, dass wir alle durch diese Schwingung der Liebe miteinander verbunden sind. Wie also könnte es dann noch möglich sein, irgendjemanden oder irgendetwas verletzen zu wollen?

---

*Mahavatar (Großer Avatar):
Erscheinen Gottes – des göttlichen Bewusstseins – in einer von Ihm frei gewählten Form, ohne menschliche Geburt.
Die Bezeichnung Mahavatar setzt sich dabei zusammen aus den Worten *Maha* (groß) und *Avatar* (Inkarnation Gottes).

Babaji ist gekommen, um uns zu helfen auf unserem Weg zu uns selbst. Jeder, der seine Gegenwart – unter seiner starken und dennoch gütig-sanften Anleitung – erfährt, spürt den Gottesfunken in sich. Und diesen gilt es zu entzünden und zu nähren, damit wir wieder unser volles Potenzial als Mensch leben können.

Babaji ist gekommen, um eine Welt zu erschaffen, wo Löwe und Ziege in friedvollem Miteinander leben. Und diese Welt ist nahe. Es liegt an jedem von uns selbst, ob wir diesen Weg des Lichtes gehen möchten und somit eine friedvolle Erde miterschaffen wollen.

In diesem Buch finden wir einfache, unkomplizierte und leicht zu befolgende Hinweise, die unserer Selbstfindung und somit dem Frieden der gesamten Menschheit dienlich sind. Niemand ist gezwungen. Alles geschieht freiwillig. Denn wir alle haben einen heiligen freien Willen, der niemals gebrochen wird – der uns niemals genommen wird. Und es ist unsere ureigene Entscheidung, auf welche Weise wir unseren freien Willen nutzen. Zu unserem eigenen Wohl – hin zu Frieden, Freude und Lebendigkeit? Oder aber hin zu Kummer und Leid? Wir haben die Wahl. Jederzeit. Immer.

Dieses Buch ist eine Anleitung – ein Wegweiser, zum ureigenen inneren Frieden. Es ist der Anfang einer Reihe von weiteren Anleitungen, die noch folgen werden.

Babaji dankt allen Lesern für ihre Liebe und ihre Entscheidung – wie auch immer sie ausfällt. Er liebt es, die Menschen anzuleiten, aber er akzeptiert jederzeit die Entscheidung jedes Einzelnen. Wir tragen selbst die Konsequenzen für alles, was wir in unserem Leben denken oder tun. Lasst uns bewusster werden, damit wir effektiver und freudvoller leben können, damit wir in unserem Leben den tiefen Sinn erkennen können, den es hat.

Babaji ist in unseren Herzen.
Om Namah Shivaya

Shantima

Wie alles begann ...

Shantima: Jeder von uns erlebt Höhen und Tiefen in seinem Leben. So auch ich. Während eines schicksalhaften Schlüsselerlebnisses habe ich erkannt, was 'Tiefen' in Wahrheit bedeuten: nämlich, die eigene Tiefe zu erfahren – auf das Einfache beschränkt zu werden, um somit tief in sich selbst blicken zu müssen. Das, was wir als Tiefen erleben, sind im Nachhinein meistens die Momente oder Lebensumstände, die uns dazu bewegen, etwas in unserem Leben zu verändern – loszulassen, was so, wie es war, nicht mehr dienlich für uns ist.

An einem solchen Tiefpunkt (in meinem Fall war es eine Krankheit) war ich so verzweifelt, dass ich mich mühsam in unseren Garten schleppte, weinend zusammenbrach und, gen Himmel blickend, mit letzter Kraft aus tiefstem Herzen hilfesuchend rief: "Lieber Gott, wenn es dich wirklich gibt – dann bitte hilf mir!" Ich spürte, dass dieser Hilferuf so tief aus meinem Inneren kam, wie es niemals zuvor auch nur annähernd möglich gewesen wäre. Da ich weder aus noch ein wusste, begab ich mich in meiner größten Verzweiflung vollkommen in die Obhut Gottes, ohne dass mir das in diesem Moment bewusst war.

Im Nachhinein wurde das Erleben dieser leidvollen Krankheit zu einer meiner tiefgreifendsten Erfahrungen, ja sogar zu einem der größten Geschenke in meinem Leben ... "Du kannst nicht tiefer fallen als in Gottes Hand!" Aus einem Tiefpunkt war also ein Wendepunkt geworden.

Ab diesem Zeitpunkt, als ich Gott angerufen hatte – ohne zu wissen, ob es ihn wirklich gibt – hat sich mein Leben grundlegend verändert. Es geschah jedoch auf eine so angenehme, dennoch sicher geführte Weise, dass es ein wunderbarer Prozess des Wachwerdens geworden ist, der noch immer fortdauert. Dafür bin ich sehr dankbar.

Mein Hilferuf war also erhört worden. In den darauffolgenden Wochen ereigneten sich seltsame (aus meiner damaligen Sicht!) Zufälle, und es ergaben sich Wendungen, die ich für unmöglich gehalten hatte, begleitet von bemerkenswerten, abenteuerlichen, unglaublichen Fügungen. Zu den bedeutendsten zählt für mich persönlich, dass ich auf ein Buch aufmerksam wurde, welches eigentlich kein ('Lese'-)Buch, sondern ein 24-Wochen-Kurs ist. Ich möchte sogar guten Gewissens behaupten, dass es genau dieser Kurs war, der mich aus meiner Verzweiflung befreit hat.

Es war "Der Kurs zum Selbst" von Roger G. Lanphear, der alles bisher Geglaubte veränderte. Ich wurde in Wahrheit, Einfachheit und Liebe zu meinem Höheren Selbst geführt. Es handelt sich hierbei um ein wunderbares Lehrbuch, das erst durch das Praktizieren der Übungen seine Wirkung entfaltet. Langsam, aber sicher begriff ich, dass ich nicht dieser menschliche Körper bin, sondern die unsterbliche Seele, die darin wohnt. In diesem Kurs werden Techniken übermittelt, die es mir ermöglichen, mit allen und allem auf ureigene – bis dahin verschüttete – Weise zu kommunizieren.

So begann auch Gott mit mir zu kommunizieren. Eines Tages bat er mich, alles aufzuschreiben, was er mir übermittelte. Wörtlich sagte er: "Lege doch Papier und Bleistift bereit und schreibe auf, worüber wir miteinander reden. Auf diese Weise lernst du gleich, die schriftliche Art der Kommunikation zu verinnerlichen."

Ich ahnte damals noch nicht, dass dies der erste Schritt zu diesem Buch war. Und genau hier beginnt nun meine schriftliche Kommunikation mit Gott:

Gott: Bist du bereit?

Shantima: Ja, ich bin.

Gott: Nun, dann lass uns beginnen. Möchtest du wissen, worüber wir in diesem Buch reden werden?

Shantima: Nein. Lassen wir es lieber fließen? So wie der Bach vor dem Haus es mich jeden Tag und jede Nacht lehrt?

Gott: Nun, das ist neu. Bisher konntest du das nicht. Erinnere dich: Du – der ewig besorgte, alles mit dem Intellekt zerlegende Mensch?

Shantima: Weißt du, das ist nicht mehr das, was ich bin.

Gott: Nun, dann reden wir doch einfach darüber, wer und was du bist – wer und was alle Menschen sind – wer und was alles und alle sind.

Shantima: Liebe? Licht? Frieden? Urteilsfrei? Allgegenwärtig?

Gott: Noch etwas fehlt. Die Grundlage.

Shantima: Wir sind alle eins – eine Liebe. Ist es das?

Gott: Noch nicht ganz. Was noch?

Shantima: Wir sind alle gemeinsam DU – und DU bist wir.

Gott: ICH BIN DU – DU BIST ICH. Der Eine und die Vielen. Göttliche Dichotomie.*

Shantima: Reden wir also über Dichotomie? Erklärst du das bitte genauer?

---

*Dichotomie wörtlich: *zweigeteilt, unvereinbar*

Göttliche Dichotomie bedeutet, diese scheinbar unvereinbare Zweigeteiltheit erscheinen zu lassen, als ob sie die Wirklichkeit wäre, aber sie nur dazu zu benutzen, um die Wahrheit dahinter zu verstecken.

In Wahrheit ist alles aus *einer* Liebe - alles eins. Also kann es keine Dichotomie geben. Und dennoch erscheint es so - hier auf der Erde - in der Dualität. Es ist das göttliche Spiel. Mahamaya *(große Weltillusion)* täuscht Dichotomie vor. In Wahrheit gibt es sie nicht.

Gott: Alles ist möglich. Die scheinbar absoluten Gegensätze sind in Wahrheit Einheit. Es gibt kein *'böse'*, kein *'gut'*. Kein *'richtig'*, kein *'falsch'*. Und dennoch existieren all diese Dinge:

Ja *und* Nein. – Nein *und* Ja.

Dichotomie = alles gleichzeitig, alles gültig und doch ungültig.

Alles ist möglich.

Na, wie ist es?

Shantima: Was?

Gott: ... zu schreiben ...

Shantima: Mein Part ist schwieriger. Ich brauche etwas Zeit, um mir die Antwort zu überlegen. Nicht so, wenn du sprichst. Dann schreibe ich ganz einfach, handle ohne nachzudenken (jedenfalls fast).

Gott: Nun – das ist die Verbindung mit dem Göttlichen. Handeln folgt augenblicklich den Gedanken. Weil diese Gedanken direkt von deinem Höheren Selbst kommen, gibt es nichts zu tun für den allzeit zweifelnden Intellekt.

Shantima: Gott – bitte rede einfach weiter. Und ich schreibe.

Gott: Nicht ganz – wir kommunizieren.

Weißt du, was kommunizieren bedeutet? Es bedeutet miteinander reden, etwas tun und gemeinsam Lösungen finden. Es bedeutet nicht, dass einer redet und der andere schreibt. Aber jetzt pass auf: Dennoch redest und schreibst du, und rede und schreibe ich. Hast du es vergessen? Alles ist eins! Wie also könnte ich reden und du schreibst?

Shantima: Dichotomie?

Gott: Ich freue mich, dass dieses Buch entsteht. Lassen wir es fließen? Wahrhaft fließen?

Shantima: Ja.

Gott: Erinnerst du dich noch, als ich sagte: "Nimm einen Bleistift?" Ein Bleistift ist um so viel besser für die Erde, denn er wandelt sich um. Das Holz kann wieder zu Erde werden, die Mine ergibt die Schrift. Nichts bleibt scheinbar übrig, und doch ist der Bleistift da – in anderer Form. Ewig wandelbar. Verstehst du? Schreibt mit Bleistiften, dann tut ihr Mutter Erde etwas Gutes. Kein Plastikmüll, keine leeren Minenberge von Kugelschreibern und Füllern.

'Nehmt Bleistifte' bedeutet:

Lebt die Einfachheit.

Denn in der Einfachheit liegt das wahre Leben.
In der Einfachheit kannst du erkennen,
wer und was du wirklich bist.
Und du hast Ruhe und Kraft, dich zu entwickeln.

'Ent-wickeln' bedeutet: Erinnern, wer du wirklich bist!

Sieh den Bleistift an. Er liegt in deiner Hand, lässt sich führen und schreibt auf, was ich sage. So einfach. Also schreiben wir zu dritt? Ach ja – und das Papier? Aus wie vielen Bäumen ist es entstanden? Aus Hunderten? Vermischt zu Brei, geformt zu Papier? Wie viele sind wir nun? Und der Regen und die Sonne, die die Bäume wachsen ließen? Und der Samen, den ein Vogel verteilt hat? Und der Vogel, der geboren wurde von Vögeln? Und du? Was ist gewesen, dass du geboren wurdest und jetzt hier bist und schreibst? Wie viele sind wir nun? Kannst du erkennen, dass alles eins ist? Kannst du erkennen, dass es kein 'allein', kein 'getrennt sein' gibt und je gegeben hat?

Shantima: So habe ich das noch nicht betrachtet. Es ist einleuchtend. Kein Anfang – kein Ende. Die Henne und das Ei.

Gott: Lass uns eine Pause machen.

Shantima: Soll ich das aufschreiben?

Gott: Ja. Auch eine Pause für die, die es lesen – eine 'Denkpause'. Oder 'Verdauen'? Oder 'Zurück erinnern'? 'Besinnen'?

Denkt darüber nach ...

Am gleichen Tag wollte ich nachmittags weiterschreiben, aber Gott sagte nur folgende Worte:

Es ist nicht gut zu schreiben, wenn dir die Zeit im Nacken sitzt, weil du deinen Sohn zur Musikschule fahren musst. Aber ich sage dir einen Satz:

Tue das, was du tust, mit Liebe.

Shantima: Inzwischen sind einige Tage vergangen. Ich hatte viele zermürbende Gedanken und Zweifel ... Ein alter Freund kam überraschenderweise vorbei und lieh mir das Buch "Freundschaft mit Gott" von Neale Donald Walsch. Er gab es mir genau in dem Moment, als ich nicht recht glauben wollte, dass ich Gott hören kann – es war unbeschreiblich erleichternd zu erfahren, dass ER noch zu anderen einfachen Menschen auf diese Weise spricht. Sein Buch behandelt unter anderem das Thema Eifersucht. Beim Lesen musste ich plötzlich einfach innehalten und sagte zu Gott:

Lieber Gott, weißt du, du wirfst aber auch alles, was ich irgendwann glaubte, über den Haufen. Einfach alles. Sogar: „Eifersucht muss man haben, sonst liebt man nicht – das nennt man Leidenschaft!" Und? Was fällt mir sofort ein? Leiden-schaf(f)t. Die komplette Antwort ist enthalten in dem einen Wort. Ich habe es erst jetzt bemerkt, was Leidenschaft wirklich bedeutet.

Gott: Ja. Es bedeutet, dass du leiden musst. Denn Leidenschaft ist immer ein Zwang! Immer.

Shantima: So wie Besitz besitzt? So schafft Leidenschaft Leid?

Gott: In euren Wörtern steckt so viel Wahrheit – wenn ihr doch nur genau hinhören würdet. Lies weiter in diesem Buch ...

Es gibt keine Bedingungen – außer eurer Bereitschaft

Gott: Nun?

Shantima: Ich muss erst in mich gehen, lieber Gott.

Gott: Warum? Du hörst mich doch.

Shantima: Okay, dann lass uns anfangen.

Gott: Angefangen hattest du "BEREITs".
Aber jetzt in diesem Augenblick bist du wohl wahrhaftig bereit. Weißt du, es kommt sehr auf die Bereitschaft an: Ich habe jedem von euch einen freien Willen gegeben, und genau darum ist es so sehr wichtig! Es kommt sehr darauf an, ob ihr wirklich *bereit* seid. Denn wenn ihr es noch nicht seid oder nur halbherzig, dann könnt ihr mich nicht hören. Und wenn ihr mich hört, dann traut ihr dem, was ihr hört, nicht.

Shantima: Warum aber ist das so?

Gott: Ihr habt ein Wort dafür: Herdenzwang.

Shantima: Herdenzwang?

Gott: Ja, was die meisten Menschen auf eurem Planeten Erde derzeit für wahr erachten, das übernehmt ihr allzu bereitwillig. Das heißt, wenn du also bereitwillig übernimmst, dass es nicht möglich ist (oder nur einigen Auserwählten, die aber sehr weit weg sind), mit Gott zu reden, dann blockiert ihr gleichzeitig eure Bereitschaft, mich zu hören.

Shantima: Das leuchtet mir ein. Beides geht nicht oder es geht doch, aber man glaubt nur an eine Möglichkeit. Und vor allem ist es sehr schwierig, daran zu glauben, dass man wirklich Gott hört. Wahrscheinlich glauben wir, egal wo wir uns auf der Erde befinden, dass Heilige weit weg sind.

Gott: Alles ist heilig.

Denn ich bin alles, das ist.
Alles, das ist, bin ich.
Es kann nichts geben, was ich nicht bin.

Shantima: So steht es auch in den '*Gespräche mit Gott*'-Büchern von Neale Donald Walsch.

Gott: Ja, er hat es gewagt, zu schreiben, was er hört. Übrigens hat er auch gezaudert. Frage ihn.

Shantima: Die Selbstzweifel? Dass man nicht glaubt, 'auserwählt' zu sein, obwohl es in Wahrheit keine 'Auserwählten' gibt, sondern jene, die *bereit* sind zuzuhören und jene, die es (noch) nicht sind?

Gott: Das hast du gut gesagt. Das genau trifft auf euch alle zu. Genau das ist es.

Die	BEREIT	WILLIG	KEIT.
	(bereit sein)	(vom eigenen Willen her)	(zu sein, was ist)

Shantima: Lieber Gott, alles, für das ich bereit bin, ereignet sich also?

Gott: In gewisser Weise ja. Manchmal nicht sofort. Das ist der Grund, weshalb ihr oftmals nicht die Zusammenhänge erkennt zwischen eurer Bereitschaft und dem, was sich ereignet. Darf ich dich als Beispiel nehmen?

Shantima: Ja (obwohl mir jetzt mulmig ist).

Gott: Wann hast du die ersten Zeilen geschrieben an diesem Buch?

Shantima: Am 31. März 2006

Gott: Aha.

Shantima: Oh, es liegen eineinhalb Erdenmonate dazwischen, obwohl es mir nicht so vorkommt. Ich habe gezaudert?

Gott: Ja.

Shantima: Warum?

Gott: Du weißt es!

Shantima: Meine Selbstzweifel?

Gott: Dein Ego hat nichts ausgelassen, zu verhindern, dass du wirklich dieses Buch schreibst. Es hat dir alles Mögliche erzählt, was passieren könnte, wenn du es tust ...

Shantima: Blamage vor Bekannten ... ; Anmaßung, weil ausgerechnet ich ... ; da gibt es Channels, aber doch wohl nicht mich ... ; was die Menschen sagen würden, die mich kannten, als ich noch nicht 'übergeschnappt' war, das heißt, mit Gott redete ...

Gott: Du kannst des Egos EinWÄNDE fortsetzen oder auch nicht. Aber erkenne jetzt, was EIN(e)WAND bedeutet! Es bedeutet, dass dein Ego alles daran setzt, eine Wand zu bauen: um dein Herz herum. Damit du nicht lebst, was und wer du in Wahrheit bist. Denn du bist Liebe, Freude, Glück, Zufriedenheit, Fülle ...

Shantima: Warum gefällt es dem Ego nicht, mich glücklich zu sehen?

Gott: Warum? Weil es dann seine Herrschaft abgeben muss. Und es glaubt, daraufhin muss es sterben. Das Ego weiß nichts davon, wie wunderbar es ist, dem Herzen die Führung zu überlassen und trotzdem weiter zu leben – mit all dem Wissen, was du von Natur aus hast! Bedenke doch:

Alles ist eins,

das heißt,
dass du alles weißt.

Alles.

Es gibt nichts, was du nicht weißt.
(Es sei denn, du hast es vergessen.)

Und das ist der Punkt. Vergessen ist vieles, aber deshalb ist es trotzdem da. Es ist alles vollkommen. Oder glaubst du, ich würde unvollkommene Dinge erschaffen? Alles ist vollkommen. Aber es bedarf einer Sichtweise, die all das verlorene Wissen freigibt. Und diese *Sicht-Weise* hat dein Herz. Das solltet ihr alle euren Egos mitteilen, damit sie nicht mehr solche Panik haben, sich mit dem Herzen zu vereinen.

Shantima: Was genau können wir tun?

Gott: Das ist individuell wiederum abhängig von der Bereitschaft, die ihr zeigt. Wenn ein Mensch spürt, dass die materielle Welt allein ihn nicht glücklich machen kann, dann wird er so lange nach der Wahrheit suchen, bis er sein Herz öffnet. Meist geht der Öffnung des Herzens – ihr nennt es auch Erwachen (endlich seid ihr aufgewacht aus eurem Schlaf der Illusion) – eine persönliche Krise voraus, indem alles bisher Erlebte und eingefahrene Glaubenssätze in Frage gestellt werden. Das sind die Momente, in denen die Menschen mich – auf ihre ganz persönliche Art – (an)rufen: schreiend ..., betend ..., bittend ..., verzweifelt. Jeder auf seine Weise.

'Verzweifelt' heißt der Zustand, in dem die meisten sind, bevor sie anfangen, sich nach Einheit zu sehnen. Erkennst du es?

	EINheit	VerZWEIfelt
Shantima:	*Ein*heit = *eins* sein	verz*wei*felt = getrennt sein *zwei* sein (Ego / Herz)

Gott: Jeder Mensch erlebt diese Augenblicke der Gnade auf seine ureigene Weise. Es gibt so viele Wege zu mir, wie es Menschen gibt. Ihr seid alle auf dem Weg zu mir. Der Unterschied ist lediglich, wie weit *eure Bereitschaft* ist, wieder EINS zu SEIN. Und diese Bereitschaft – dieses BEREIT-SEIN – kann niemals von außen nach innen geschehen. Es geschieht immer von innen nach außen.

So, wie ihr euch in eurem Inneren fühlt,
so wird euch immer das Außen erscheinen.

Erst das SEIN.
Und aus dem SEIN heraus
entsteht eure Sichtweise über die Welt,
über alle und alles, was und wer euch begegnet.

Und vor allem:
wie ihr ihnen begegnet.

Ihr alle seid Liebe!

Und wenn ihr das erkannt beziehungsweise ‘erinnert’ habt, dann handelt ihr in Liebe, aus eurem Sein (das, was ihr in jedwedem Moment sein wollt) heraus.

Und niemand außer euch selbst bestimmt,
wer oder was ihr seid!

Merkt es euch gut:

Es gibt niemanden außer euch selbst,
der für alles in eurem Leben verantwortlich ist.

Denn ihr habt die Macht, alles zu erschaffen, was ihr sein wollt. Und ihr tut es buchstäblich euer ganzes Leben lang. Die Frage ist nur, ob bewusst oder unbewusst:

bewusst	oder	*unbewusst*
Ich weiß, was ich bewirke.		Ich weiß nicht, was ich bewirke.

Somit sind wir wieder bei der Bereitschaft. Ich kann nur zu euch sprechen, wenn *ihr* bereit seid, mich zu hören. Ein Beispiel? So, wie ihr eure Fernseher auf einen gewissen Sender einstellt, indem *ihr euch* entscheidet, ein Programm *eurer Wahl* anzusehen und zu hören, so könnt ihr *euren* Sender und Empfänger – nämlich *euer Herz* – auf mich einstellen. Und genau das tut ihr durch eure Bereitschaft. Das ist alles und das ist einfach.

Shantima: Es klingt einfach, doch erscheint es vielen Menschen als schwer begreiflich ...

Gott: Und dennoch:

Es gibt nichts Kompliziertes,
keine Bedingungen,
außer:
eurer Bereitschaft.

Denkt darüber nach und erkennt, dass ich, wenn ihr dazu bereit seid, viel besser mit euch kommunizieren kann. Dann können wir es direkt tun, und es bedarf nicht mehr der Dinge, die ihr 'Zufälle' nennt! Glaubt ihr wahrlich, es gibt Zufälle? Zufälle sind von euch erschaffene Momente der Gnade, denn wenn ihr begreift, dass sich etwas ereignet, was vollkommen ist, dann spürt ihr euer Herz. In diesen Momenten ahnt ihr alle, dass es da 'etwas' gibt. Wie auch immer ihr dieses 'Etwas' bezeichnet, ist vollkommen egal. Wichtig ist, dass ihr es fühlt.

Achtet auf eure Gefühle!

All eure Gefühle kommen von eurem Herzen.
Sie belügen euch niemals!

Lasse das Leben fließen und vertraue

Gott: Freust du dich auf morgen?

Shantima: Kann es sein, dass du mir eine so simple Frage stellst?

Gott: Ich fragte: Freust du dich auf morgen?

Shantima: Ja, ich freue mich.

Gott: Das ist schön, denn bisher hattest du immer unterschwellige Zukunftsängste. Deshalb fragte ich. Ich frage, weil ich dir zeigen möchte, wie sehr der Grad der Bereitschaft zusammenhängt mit den Empfindungen für ein und dasselbe.

Shantima: Veränderung?

Gott: Hattest du bisher Angst vor Veränderung (und das haben viele Menschen), dann hattest du noch nicht die Bereitschaft, wirkliche Veränderung zu wollen.

Shantima: Das ist wahr. Ich klebte an meinem 'Zustand' und hatte Angst, es könnte schlechter werden.

Gott: Besser der Spatz in der Hand als die Taube auf dem Dach ...

Shantima: Das hörte ich oft.

Gott: Dann solltest du jetzt etwas anderes hören.

Shantima: Was? Was soll ich hören (und mich darauf freuen)?

Gott: Höre: Du bist göttlich und hast einen freien Willen. Und wenn dein Wille auf diese Art alter Glaubenssätze hört, dann wird es genauso sein. Es muss so sein. Das ist das Gesetz der kosmischen Resonanz. Das, was du aussendest, genau das ziehst du an:

Anziehen
– innerlich und äußerlich –

Shantima: Kannst du es bitte in einem Satz ausdrücken? So eine Art Leitsatz ...

Gott: Lass sehen ...

Shantima: ... und hören? (... damit ich das Gehörte transkribieren kann?)

Gott: Lass auch fühlen.

Shantima: Lass sein?

Gott:

Lasse das Leben fließen und vertraue darauf, dass alles, was du brauchst, zu dir kommt.

Ich rede von allem, was du brauchst, um dein wahres Selbst auszudrücken. Ich rede jetzt nicht von den Wünschen des Ego.

Shantima: Es kommt zu mir? Ich muss es nicht suchen?

Gott: Es kommt zu dir. Achte auf die Hinweise von Menschen, denen du begegnest. Achte überhaupt darauf, wer was zu dir sagt – und sei es per Werbeplakat, Computer, Radio, Telefon ... Einfach alles kann dir den Hinweis geben auf das, was in deinem weisesten Interesse ist. Und wenn du die Bereitschaft hast, dann fällt es dir leicht, die Zeichen zu erkennen, denn dann bist du offen – in freudiger Erwartung des Lebens.

Shantima: Wachsamkeit? “Seid wachsam!”, hat Babaji oft gesagt.

Gott: Er leitet viele Menschen an. Aber meistens geschieht es im Verborgenen für andere. Babaji spricht von Herz zu Herz. Es ist eine große Gnade, Babaji als Meister zu haben. Wusstest du das?

Shantima: Ich ahnte es.

Gott: Nun – jetzt weißt du es.

Shantima: Ich fühle jetzt große Dankbarkeit. Ich erkenne und spüre: Geduld ist sehr wichtig.

Gott: Bist du geduldig?

Shantima: Wohl nicht.

Gott: Dann sei es. Es ist einfach. Lasse das Leben fließen und übe dich in Geduld, jedweglicher Geduld. Im 'Kleinen' und im 'Großen'.

Shantima: Ich war geneigt, "Ich versuche es!" zu sagen. Aber was bedeutet *'ver-suche'*?

Gott: Fehlende oder mangelnde Bereitschaft.

Shantima: Dann *bin* ich es? Ich bin Geduld und so kann ich geduldig sein?

Gott: So ist es.

Shantima: Aber wie? Wie *bin* ich es?

Gott: Immer, wenn du ungeduldig bist, erinnerst du dich daran, dass du Geduld bist. Und dadurch kannst du es sein. Dann ist das Leben leicht und kann fließen. Dann bringt es Freude. Probiere es *aus!*

Stelle auf die Probe, was ich sage. Das ist 'Bereitschaft mit Zweifeln'. Aber durch *Aus*probieren werden die Zweifel gehen. Du wirst sie *aus*probiert haben – und dann kannst du Geduld sein.

Shantima: Gut, ich fange jetzt damit an.

Dein eigener freier Wille ermöglicht dir alles

Gott: Ist dir warm?

Shantima: Ja.

Gott: Durch die Meditation könnt ihr dem Licht, der Liebe, dem ALL-EINEN, dem EINS-SEIN am nächsten sein. Das ist die Wärme, die du körperlich spürst, und die Glückseligkeit, die du wahrnimmst. Es ist sehr hilfreich – sogar wichtig – jeden Tag zu meditieren.

Shantima: Ich tue es noch viel zu wenig. Halt! Jetzt stört mich das Wort 'tue'.

Gott: Du hattest zugehört. Und?

Shantima: Ich *bin* zu wenig im meditativen Zustand.

Gott: Schon besser!

Aber in Wahrheit ist das ganze Leben Meditation,
wenn du es bewusst lebst.
Da führt es dich hin –
jeden Atemzug bewusst zu erfahren.

Shantima: Ich liebe es, das zu hören. Jedoch ..., aber ... Sind das Worte von meinem Ego?

Gott: Ja.

Shantima: Nun, dann fragt jetzt mein Ego: Schöne Worte, aber wo ist die Praxis?

Gott: Die Bereitschaft, Shantima, die fehlende Bereitschaft ist es, die die Menschen abhält, zu lieben. Und wenn du nicht in der Liebe bist, dann bist du in der Angst. Denn Liebe und Angst schließen sich gegenseitig aus. Immer, wenn du Angst hast und dich unwohl fühlst, dann ist dies ein sehr deutliches Zeichen dafür, dass du dich wieder in der Illusion verstrickt hast. Es ist wichtig, diese Zeichen rechtzeitig zu erkennen: Angst? Sende Liebe! Kalte Hände oder

Füße? Ein sicheres Zeichen dafür, dass du nicht im Zustand der Liebe bist, sondern weit entfernt von deinem wahren Sein.

Shantima: 'Früher', bevor ich auf dem spirituellen Weg war, hatte ich immer kalte Füße und Hände. Besonders die kalten Füße habe ich als sehr unangenehm empfunden, so wie ein innerliches Frieren auf allen Ebenen hat es sich angefühlt.

Gott: Und jetzt?

Shantima: Jetzt ist mir warm. Meistens. Außer, wenn ich in irgendeiner Lebenssituation Angst verspüre – das ist gleichzeitig mit einem Wärme verlierenden Körper einhergehend. Zwar nicht so wie 'früher' – aber deutlich.

GOTT: Dein Körper zeigt dir auf einfache, wunderbare Weise, dass es höchste Zeit ist, dich daran zu erinnern, dass du göttlich bist und in Wahrheit nicht Angst hast, sondern Freude bist – und in Wahrheit angenehme Empfindungen hast und nicht Kälte spürst.

Shantima: Gefühlskälte? Das ist auch so ein Wort. Aber jetzt erst habe ich begriffen, dass es viel mehr ausdrückt: nämlich von seiner eigenen Göttlichkeit weit entfernt zu sein.

Gott: Und dabei ist es so einfach!

Richte die Aufmerksamkeit auf dein Herz.
Schließe – wenn möglich – die Augen und denke:

Gott ist Liebe, und auch ich bin Liebe,
denn ich bin eins mit Gott, meinem Vater.

Shantima: Gott?

Gott: Ja.

Shantima: Wieso sagst du "mein Vater"?

Gott: Weil es in solchen Momenten einfacher ist. Ich bin Vater und Mutter zugleich und dennoch bin ich alles was ist. Aber ihr seid es gewohnt, mit dem Vater Schutz zu verbinden. Darum ist es hilfreich, dieses Gebet zu sprechen.

Shantima: Eine Art Notfallgebet?

Gott: Not - Fall?

Shantima: Hilf mir bitte. Diese Worte kann ich jetzt nicht deuten.

Gott: Überlege mit dem Herzen.

Shantima: Gefallen und dadurch in Not geraten ...

Gott: Ja.

Shantima: So habe ich es noch nicht gesehen.

Gott: Aber bedenke, dass jeder Notfall ein wichtiges Zeichen ist: Nämlich eine Gelegenheit, dass ihr euch wieder besinnt – all eure Sinne benutzt! Denn dann ist es euch möglich, wieder mit mir in Kontakt zu treten. Ich bin immer bei euch. *Immer!* Wie könnte ich getrennt sein, wenn wir eins sind?

Ihr selbst seid es – ihr entscheidet,
ob ihr mit mir kommunizieren möchtet
(oder nicht).

Und in den Situationen, die ihr als Notfälle bezeichnet, rufen, schreien, flehen, beten, lästern ... viele von euch meinen Namen. Ihr erinnert euch in diesen Situationen und Momenten daran, dass ich existiere. Wenn ihr auf ein Minimum reduziert seid in eurem Leben, dann ist da viel mehr Platz, euch dessen zu besinnen, wer ihr wirklich seid.

Shantima: Auch ich habe einige Notfälle erlebt. Doch erst ein sehr *tief*gehender Notfall hat mich dazu gebracht, dich anzurufen.

Gott: Ich weiß.

Shantima: Im Garten bin ich gewesen, und ich rief tief aus meiner Verzweiflung heraus: "Lieber Gott, wenn es dich wirklich gibt – dann bitte hilf mir!" Währenddessen habe ich geweint – ich war am Ende, wollte nicht mehr so leben, wie ich lebte.

Gott: Genau das war der Anfang. Das Alte hast du nicht mehr so gewollt. Somit hast du Platz geschaffen für dein wahres Leben.

Shantima: Darüber bin ich sehr froh. Jetzt bin ich froh, dass es so gekommen ist.

Gott: Es war ein großes Geschenk, dass du so krank gewesen bist. Ein großes Geschenk!

Shantima: 'Damals' habe ich das nicht so gesehen. Aber jetzt weiß ich, dass sonst nicht ebendiese Bereitschaft eingetreten wäre, neue beziehungsweise alte, göttliche Wege zu gehen. Weißt du was? Ich danke dir und allen und allem für eure Liebe. Es ist wunderschön, zu wissen und zu fühlen, dass man ein göttliches, unsterbliches Wesen ist. In der Meditation kann ich persönlich am meisten spüren. Ich bin gerade so dankbar. Einfach so. Für nichts Bestimmtes und doch für alles. Ein wundervoller Zustand. Ich liebe dich.

Gott: Ich liebe dich auch ... und wenn wir uns lieben, dann spürt das die ganze Menschheit.

Shantima: Gott?

Gott: Ja?

Shantima: Ich möchte dir noch danken für alles, so wie es sich in meinem Leben fügt ...

Gott: Durch Zauberhand?

Shantima: Ja. Was?? Du sagst doch jetzt nicht etwa: durch meine Bereitschaft?!

Gott: Doch.

Es ist deine Bereitschaft
– DEIN EIGENER FREIER WILLE –
der es ermöglicht.

Schreibe es auf! Die Menschheit soll es erfahren, denn es ist so wichtig für euch!

Shantima: Wichtig zu erkennen, dass wir selbst es sind, die für unser Leben verantwortlich sind?

Gott: Ja.

Shantima: (aus dem Talmud)

Achte auf deine Gedanken, denn sie werden Worte.
Achte auf deine Worte, denn sie werden Handlungen.
Achte auf Deine Handlungen, denn sie werden Gewohnheiten.
Achte auf deine Gewohnheiten, denn sie werden dein Charakter.
Achte auf deinen Charakter, denn er wird dein Schicksal.

Shantima: Hast du da inspiriert?

Gott: Ja. Gefällt es dir?

Shantima: Oh, es gefällt bestimmt vielen Menschen.

Gott: Dann schreibt es und hängt es aus und druckt es auf Karten – verbreitet es noch weiter, denn es trifft so sehr deutlich die Wahrheit.

Alles ist in dir – glaube an dich

Gott: Du brauchst keine vorbereitende Meditation – du hörst mich bereits. Weißt du auch, warum du mich so einfach hörst?

Shantima: Weil ich dich hören will. (Obwohl ich ein bisschen 'Schiss' habe, weil so eine lange 'Illusionszeit' dazwischen liegt.) Es ist auch einiges passiert in meinem Menschenleben.

Gott: Ich weiß. Gefällt es dir?

Shantima: So wie sich alles ergibt, wendet und mir zufällt?

Gott: Ja.

Shantima: Ja.

Gott: Aber?

Shantima: Du siehst die 'Abers'? Es könnte schneller gehen mit allem, was OMRA betrifft.

Gott: Dann handle!

Shantima: Handeln? Zweideutiges Wortwerk.

Gott: Nun, du weißt doch: OMRA ist gesegnet. Aber du lebst jetzt in einer Zeit, wo du alles leicht manifestieren kannst, wenn du handelst.

Shantima: Losgehen und tun? Nicht nur ausmalen?

Gott: Zum Beispiel.

Shantima: Was noch?

Gott: Alles.

Shantima: Alles??

Gott: Ja, alles.

Shantima: Ich verstehe nicht, was du jetzt sagen willst.

Gott: Oh doch, du verstehst es – nur hast du dein bisheriges Leben lang wenig offensiv gehandelt. Es ist dir noch etwas fremd. Darum glaubst du sogar, dass du nicht verstehst, was ich sagen will.

Shantima: Du verwirrst mich.

Gott: Dann wird es Zeit, dich zu entwirren!

Shantima: Das gefällt mir. Deine Worte gefallen mir.

Gott: Schön, sie kommen auch aus dir – durch dich – auf dieses Blatt Papier.

Shantima: Jetzt verwirrst du mich noch mehr.

Gott: Ich rede mit dir, so wie ich eben nur mit dir rede.

Shantima: Wie es in meinem weisesten und höchsten Interesse ist?

Gott: Auch das. Individuell. Denn: Du bist mit allem eins und dennoch ein Individuum.

Shantima: Das erkenne ich immer mehr. Dafür bin ich dir und Babaji und ... – oh, diese Aufzählung wäre unendlich – zutiefst dankbar. Also, allen Wesen der Liebe und des Lichtes danke ich.

Gott: Danke auch dir – deinem Höheren Selbst.

Shantima: Das fällt mir immer noch etwas schwer.

Gott: Etwas??

Shantima: Du kannst in mein Herz sehen. Du hast einen viel besseren Einblick als ich.

Gott: Das habe ich, und weißt du, was ich sehe?

Shantima: Was?

Gott: Ein wunderbares Wesen, als Mensch verkleidet, welches immer noch nicht an seine eigene Kraft glaubt.

Shantima: Hm ...

Gott: Aber ich sehe noch mehr. Ich sehe, dass dieses Wesen alle Erinnerungen, alle Fähigkeiten, alles in sich selbst trägt. Es gibt nichts, was gelernt oder gechannelt oder 'sonst irgendetwas' werden muss.

Alles ist in dir.

Ich sehe Liebe – unendliche Liebe, die endlich befreit werden will. Die heraus will aus dem illusionären Gefängnis. Lebe, Shantima, lebe!

Shantima: Deine Worte gehen mir sehr nahe.

Gott: Dann tue es endlich. Worauf wartest du? Es gibt nichts, worauf du warten kannst, denn:

Alles ist *bereits* in dir.

Shantima: Ich weiß nicht, worauf ich warte. Auf Anweisungen?

Gott: Diese 'Zeiten' sind durch. Du bist ein freies Wesen mit eigenem freien Willen. Sieh dir an, was die Avatare tun. Du kannst das auch. Glaube mir, und vor allem:

Glaube an dich!

Shantima: Ich habe wohl Angst, dass ich mich erhöhe, höher stelle als andere (weil ich dich hören kann). Das möchte ich nicht. Ist es das?

Gott: Einfach Angst. Angst zu leben, Angst vor deinem vollen Potenzial. Lasse deine Ängste frei, Shantima. Schenke ihnen deine Liebe, die du bist. Unendliche Liebe. Kind, du bist gesegnet, du bist gesegnet!

Shantima: Ich liebe dich.

Gott: Wie kannst du mich lieben, wenn du dich noch immer nicht traust, dich zu lieben? Hast du das Wichtige vergessen?

Ich bin du – *und* – Du bist ich.

Alles, was du wissen musst, steht in diesem einen Satz.
Er ist sehr kraftvoll.

Shantima: Ich spüre es. Hilfst du mir?

Gott: Ich helfe dir dein ganzes Leben lang. Immer. Lasse es zu, Shantima. Lasse es fließen. Hörst du draußen vorm Fenster dem Bach zu? Er könnte nicht leben, wenn er aufhören würde zu fließen.

Shantima: So simpel? Bin ich ein Bach – wie ein Bach?

Gott: Du bist Leben, der Bach ist Leben. Du, ich, der Bach – alles ist eins. Alles. Es gibt nichts, was ich nicht bin, und es gibt nichts, was ohne mich ist ... Amen.

Shantima: Bist du sauer?

Gott: Nein, aber ich glaube, du brauchst mal einen Stups?

Shantima: Ich nehme an, sonst verpasst du mir einen größeren?

Gott: Ja.

Shantima: Bitte sage mir noch ...

Gott: ... was du tun kannst?

SEI!

Sei einfach.
Sei Liebe.
Sei Wahrheit.
Sei Freude.
Sei Licht.

SEI!

Alles ergibt sich aus dem, was du bist.

Wenn du bist, dann manifestierst du bereits das, was du dann tust. Niemals umgekehrt. Niemals. Möchtest du noch einen Abschluss-Satz?

Shantima: Sehr, sehr gerne.

Gott: Ich liebe dich.

Habe Geduld, aber handle trotzdem.

Sei wachsam in deinen Begegnungen,
aber nicht kleinlich.

Lebe, liebe – darum bist du hier!

Du darfst glücklich sein.
Es ist mein und dein Wunsch.

Weißt du, es ist schon Wirklichkeit.
Alles ist schon da.

Alles.

Handle!

Shantima: Danke. *... Tränen der Freude ...*

Shantima: Erst jetzt, währenddessen ich am Computer sitze, um meine handschriftliche Mitschrift abzutippen, wird mir bewusst, warum Gott von einem 'Abschluss-Satz' sprach. Alles, was ER mir bisher übermittelte, ist die Einleitung zu diesem Buch. Doch zum damaligen Zeitpunkt wusste ich noch nicht, dass Mahavatar Babaji ab jetzt seine Botschaft übermitteln wird.

Babajis Botschaft für ein glückliches Leben

??????: Möchtest du jetzt schreiben?

Shantima: Ja, aber ich ...

Babaji: ... Mahavatar Babaji spricht mit dir.

Shantima: Oh!

Babaji: Dann schreibe. Ich freue mich, dass du jetzt wahrhaftig bereit bist. Es ist wunderbar zu sehen, wie sehr du dich verändert hast, seit dem Augenblick, als du bewusst Darshan* erhalten hast. Obwohl du noch nicht genau weißt, was kommen wird, hast du das erste Mal wahre Freude daran, die sogenannte Zukunft zu erwarten. Weißt du denn, dass *alles* von deiner *inneren* Einstellung abhängt?

Shantima: Inzwischen ja.

Babaji: Was hältst du davon, deinen Dialog mit Gott als Einleitung in dein/unser Buch zu schreiben?

Shantima: Wohl wegen meines Zögerns?

Babaji: Es ist allzu 'menschlich', zu zögern. Lasse es die Menschen wissen, dass du gezaudert hast. Lasse sie wissen, dass du unter schwierigen Bedingungen begriffen hast, worum es geht. Lasse sie auch wissen, dass dein Vertrauen in die göttliche Hilfe nie enttäuscht wurde.

Shantima: Mit Beispielen?

Babaji: Wie du es schreiben möchtest ... Es wird sich ergeben.

Fangen wir an?

Shantima: Ja. *... voller Freude ...*

---

*Darshan: Gottesschau, in welcher der höchste HERR als im Herzen gegenwärtig erfahren wird. Wir fühlen Einheit, Liebe, Transformation, das bewusste Erkennen der eigenen Seele oder Heilung.

Darshan kann auch durch eine Vision beim Gebet oder der Meditation empfangen werden. Auch ein Avatar – eine lebendige Person, die als Inkarnation Gottes angesehen wird – kann Darshan geben.

Liebe Menschheit:

Hier spricht Mahavatar Babaji. Einige von euch, für die dieses Buch entsteht, wissen, wer ich bin. Viele werden es erst im Laufe des Lesens erfahren. In Wahrheit jedoch ist nicht wichtig zu wissen, wer ich bin, sondern es ist wichtig, die *Wahrheit* des irdischen Daseins direkt aus der göttlichen Quelle zu erfahren. Ich habe diesen Channel (ihr gefällt der Name nicht – diese Botin?) ausgesucht, weil sie viele Leben lang darauf vorbereitet ist, jetzt diese Aufgabe zu übernehmen. Zwar weiß sie (außer zu ahnen) noch nicht viel von dem, was sie schreiben wird, aber das ist nicht notwendig. Denn alles Geschriebene kommt direkt aus der göttlichen Quelle und muss lediglich zu Papier gebracht werden. Eine leichte Aufgabe und dennoch in dieser 'Erdenzeit' für den größten Teil der Menschheit noch nicht ganz nachvollziehbar.

Lasse uns morgen früh um 4:00 Uhr weiterschreiben.

Shantima: Ich habe mich gewundert, dass Babaji so abrupt abgebrochen hat, aber in dem Moment – noch während ich mich wunderte – betrat mein jüngster Sohn das Zimmer.

Habt keine Erwartungen, seid spontan und freut euch am Leben

Babaji: Schön, dass du da bist.

Shantima: Ich freue mich auch.

Babaji: Möchtest du jetzt weiterschreiben?

Shantima: Ja, es kann los gehen. (Meine in meinem Kopf herumschwirrenden Gedanken – die unausgesprochene Frage nach dem Titel des Buches – beantwortete mir Babaji als erstes.)

Babaji: Den Titel des Buches wirst du wissen, wenn es an der Zeit ist, ihn zu wissen. Es ist eine Eigenschaft des Egos, alles lange im Voraus planen zu wollen. Aber jetzt sage ich euch:

Macht keine Pläne für die Zukunft.

Könnt ihr auch verstehen, was ich meine ...? Irritiert es euch? Natürlich, denn allem, was zurzeit auf Erden geschehen ist, gingen Pläne voraus. Seht euch eure Geschichte an! Meistens ist sie das Ergebnis von misslungenen Plänen. Das muss so sein, denn die kosmischen Gesetze wirken immer. Wenn du etwas im Voraus planst und nur minimal vom Weg abkommst, dann wird das Ergebnis ein anderes sein als ursprünglich erwartet.

Habt keine Erwartungen.

... ergibt sich daraus. Es ist sehr wichtig: Keine Pläne! Keine Erwartungen! Nur dann kann der Fluss des Lebens ungestört seinen Lauf nehmen. Dann wird er nicht blockiert von ‘Erwartungs- oder Planfelsen’, die unangenehme Störungen, ja oft sogar Fluten verursachen. Jedoch bedeutet das nicht, dass alles gleichmäßig und geradlinig verläuft. Es gibt Biegungen, verschieden gestaltete Ufer, unterschiedliche Wettereinflüsse und so weiter ... Aber die großen persönlichen und universellen Katastrophen bleiben endlich aus.

Shantima: Soll ich nachdenken?

Babaji: Ja.

Shantima: Ist es sinnvoll, etwas genauer zu erklären, warum keine Pläne und keine Erwartungen?

Babaji: Wünschst du ein Beispiel, woran man erkennen kann, dass 'es ist, was ist'?

Shantima: Ja, gerne.

Babaji: Angenommen, du würdest einen sonnigen Tag erwarten, um spazieren zu gehen. Aber wenn du morgens aufwachst, regnet es. Das heißt, dass du mies gelaunt bist, weil du jetzt nicht weißt, was du an einem Regentag anfangen sollst. Somit beginnt das Übel. Wie oft hat die geistige Welt euch schon gepredigt:

Seid spontan.
Denn Spontanität bedeutet Leben!

Immer im *gegenwärtigen Augenblick* leben!
Nur auf diese Weise kannst du reagieren auf das, was ist.

Und Freude.
Seid Freude!

Seid präsent im Hier und Jetzt!

Shantima: Gibst du uns Gebote?

Babaji: Es sind Hinweise.

Shantima: '*Hin*'-weise?

Babaji: '*Nicht zurück*'-weise!

Seht euch eure Worte genauer an, sie enthalten viel Wahrheit. Das gilt für alle Sprachen, die sich entwickelt haben. Auch das war eine Notwendigkeit. Unterschiedliche Sprachen schaffen die Illusion der Trennung! Jetzt ist es an der Zeit, diese illusionäre Trennung zu überwinden.

Wache auf, Menschheit.
Ich bin gekommen,
mit euch eine Welt zu erschaffen,
die voller Frieden ist!

Shiva ist Frieden.

Shantima: Möchtest du uns sagen, dass Babaji eine Inkarnation Shivas* ist?

Babaji: Das trifft es nur ungefähr. Es ist nicht wichtig, ob ich zu euch als Shiva oder Babaji spreche, denn das ist ein und dieselbe Energie. Ich bin Liebe – genauso wie ihr alle Liebe seid. Es besteht jedoch ein gewaltiger, scheinbarer Unterschied (bis auf einige Ausnahmen) zwischen euch und mir: Ihr habt es vergessen.

Darum entsteht jetzt dieses Buch auf der Erde. Damit ihr euch erinnern könnt, wer ihr *in Wahrheit* seid. Feiert euer Dasein. Freut euch, dass euch dieses Buch jetzt zu Hilfe kommt. Denn es gibt wesentliche Gründe, warum es gerade dieses Buch ist, wofür ihr euch entschieden habt. Wisst ihr, dass es kein Zufall ist? Und doch fällt es euch zu: Ein Geschenk der geistigen Welt. Ein Geschenk von Shiva, damit ihr euch schneller erinnern könnt. Denn:

Es gibt nichts, was ihr nicht schon seid.
Entdeckt euch selbst!
Das könnt nur ihr tun.
Jeder auf seine eigene Weise.

Seht euch auch dieses Wort an. ENT(fernt die)DECKE(n), die um euch sind, damit ihr klar sehen könnt.

---

*Shiva gilt als höchster Gott der hinduistischen Götter-Trinität (Brahma, Vishnu, Shiva).

Wörtlich übersetzt heißt Shiva: 'der Liebevolle' oder 'der Glückverheißende'. Shiva ist der Zerstörer – als Symbol für Vergänglichkeit, Auflösung und Befreiung. Shiva hat die Fähigkeit, *jegliche Negativität zu zerstören*, die zwischen uns und unserer Wahrhaftigkeit steht.

Er symbolisiert aber auch das Unendliche, das Ewige, das Höchste Bewusstsein - intensive Glückseligkeit (ohne äußeren Anlass), Gedankenstille.

Shantima: Gerade hörte ich auf zu schreiben, weil mein Ego dazwischenfunkt. Seine Einwände sind: Das alles habe ich schon gehört ... Wenn das dieses Buch wird ... Ich habe Neues erwartet! Und noch während ich diesen Satz beende, ist mir plötzlich klar: Ich habe *erwartet*. Es bedeutet, ich habe meine Energie auf etwas Zukünftiges gerichtet, in der Erwartung, dass es auch geschieht. Wenn es dann aber nicht sofort wie geplant eintrifft, resultiert daraus immer eine Enttäuschung! Danke, lieber Meister, für diese gleichzeitige Lektion.

Babaji: Inzwischen bist du schon schneller geworden, Lektionen zu verstehen. Das ist ein enormer Fortschritt. Denn wenn ein Mensch eine Lektion bereits geistig verstanden hat, dann ist es nicht mehr nötig, ihm weitere Lektionen zu diesem Thema zu lehren. Das heißt, dass der Körper frei ist. Er ist nicht mehr dazu da, alles, was der Geist nicht *sofort* (= sogleich fort) begreift, auf die Art und Weise des Körpers – zum Beispiel in Form von Zwicken, Schmerzen, Krankheiten, Unwohlsein etc. – zu zeigen, damit dann endlich eine *Lösung* der Lektion geschieht.

FREUT EUCH AM LEBEN

Denn *deshalb* seid ihr hier. Ihr seid in einer Menschengestalt, um auf der Erde zu sein. Ihr seid Lichtwesen. Beides ist richtig.

seid ihr hier.

Ihr seid die Verbindung Gottes mit der Materie. Obwohl auch Materie Gott ist. Aber ihr seid es, die ihr handeln könnt. Ihr seid es, die ihr eine neue, wunderbare Welt kreieren könnt. Wenn ihr doch nur aufwachen würdet! Wenn ihr doch sehen könntet, wer ihr in Wahrheit seid! Deshalb ...

Und dennoch seid ihr vollkommen ganz!

Es muss für euch verwirrend klingen. Doch es ist jetzt an der Zeit, aus euren beschränkten Vorstellungen herauszutreten.

Ich gebe euch jetzt eine hilfreiche Meditation:

Sucht euch einen *für euch* angenehmen Platz. Ich werde jetzt in der Du- und Ichform sprechen, das seid ihr besser gewohnt:

Lege dich bequem hin und schließe deine Augen. Habe vollstes Vertrauen in das, was jetzt geschieht. Bitte dein Höheres Selbst um Hilfe.

Lasse alles fließen.

Spüre deinen Körper.
Lasse deinen Körper fließen.

Alles zirkuliert, alles bewegt sich, lasse es fließen.
Das Blut – der Atem – alles ist im Fluss.

Sei du jetzt selbst der Fluss.
Fühle, dass du lebendig bist.

Fühle, dass du nicht dein Körper bist.

Fühle, dass du lebendig bist ...

Seid, seid, seid ... und dann tut

Babaji: Gefällt dir dein Leben?

Shantima: Oh ja! Es ist eine Freude zu leben! Und zu fühlen, dass ich ein Wesen bin, was verbunden ist mit allem, was ist. Nie zuvor hatte ich solch eine Freude am Leben. Es ist ein Geschenk. Danke!

Babaji: Du hast es selbst manifestiert.

Shantima: Mit eurer Hilfe.

Babaji: Nun gut. Wir alle sind eins. Wie könntest du es also alleine auf diese Weise tun?

Shantima: Tun?

Babaji: Darüber wollen wir heute schreiben. Über Sein und Tun. Denn mit dieser Reihenfolge haben die meisten Menschen sehr große Schwierigkeiten – in ihrer Auffassung von dem, was *Sein* und *Tun* ist. Euer ständig plappernder Verstand will euch weismachen, dass man etwas *tun* muss, damit man den *Seins*zustand erreichen kann. Und genau das ist der Punkt. Wenn du begreifst, dass es niemals so, sondern in umgekehrter Weise erfolgt, dann hast du das Wichtige verstanden.

Das Tun folgt immer dem Sein.
Immer.

Das ist ein Naturgesetz – ein kosmisches Gesetz.

Shantima: Erklärst du es bitte ganz genau? Übrigens glaube ich, es verstanden zu haben, weil es in meinem täglichen Leben immer spürbarer ist, dass es so ist. Aber ich weiß, dass ich 'lange' gebraucht habe, um die Wichtigkeit zu erkennen. Lieber Meister, bitte helfe uns Menschen, indem du uns einen Weg zeigst.

Babaji: Einen Weg?

Shantima: Einen Weg von vielen Wegen?

Babaji:

Seid, seid, seid
und dann tut.

Erinnert euch ständig während eures Tuns,
dass ihr in Wahrheit *seid*.

Shantima: Ist das alles? Mehr soll ich nicht schreiben?

Babaji: Im Grunde genommen ja. Es genügt. Denn ich bin da, um zu helfen – all denen, die diese Worte in sich aufnehmen. Wirklich aufnehmen – nicht nur schnell überlesen. Es ist sich selbst genug.

Shantima: Ich habe es gerade noch einmal gelesen. Langsam, Wort für Wort. Es ist wie ein Darshan von dir.

Babaji: Ja, ein in Worte gefasster Darshan. Vertraue darauf. Das ist alles. Nicht mehr. Nicht weniger. Was ist, ist. Om Namah Shivaya[*].

Ich bin.

Und nur, *weil* ich bin, kann ich tun.
Und nur, *was* ich bin, kann ich tun.
Und nur, *wie* ich bin, kann ich tun.
Und nur, *was* ich *will*, kann ich tun.

Ich bin, was ich tue.

---

[*]OM NAMAH SHIVAYA (wörtlich: Om, ich verneige mich vor Shiva). Es ist bekannt als das höchste erfüllende Mantra, da es die Kraft hat, weltliche Erfüllung und spirituelle Verwirklichung zu gewähren.

Om steht für den Urklang, den Ton der Schöpfung. Bei vielen Mantren, die aus mehreren Wörtern bestehen, wird die Silbe Om vorangestellt.

Namah bedeutet: ehren oder sich verneigen vor ...

Shivaya bedeutet: Göttliches Bewusstsein, der Herr, der in jedem Herzen wohnt.

Om Namah Shivaya: Ehrerbietung an das Göttliche: Ich verneige mich vor Gott, der das innere SELBST ist.

Also stellt euch immer die Fragen:

Ist das, was ich tue, das, was ich sein will?
Will ich das sein, was ich tue?
Wie fühle ich bei dem, was ich tue?
Was denke ich bei dem, was ich tue?

Will ich das tun, was ich tue?
Das ist eine sehr entscheidende Frage!

Ihr vergesst so oft, dass *ihr selbst* alle Entscheidungen trefft. Alle Ent-*scheidungen*. Seht euch das Wort an. Davor haben die meisten Menschen Angst. Angst zu entscheiden. Denn oftmals führt eine Entscheidung wahrhaftig zu einer Scheidung. Scheidung von alten, bequemen Gewohnheiten. Scheidung von Dingen und Sachen, die man nicht länger benötigt. Scheidung von Menschen. Scheidung von Situationen.

Alles ist Platz schaffend für Neues. Aber was das Neue ist, das wisst ihr meist nicht im Voraus – und genau das macht euch Angst. Ein wunderbarer Angriffspunkt! Dann kann euch euer Ego alles erzählen, was mit eurem Sprichwort „Lieber den Spatz in der Hand als die Taube auf dem Dach“ zu tun hat. Meistens gebt ihr euch damit zufrieden. Alles ist eure Entscheidung.

Wer genug *nicht-entschieden* hat, wird irgendwann entscheiden. Bei einem jeden von euch ist das ein sehr individueller Zeitpunkt – abhängig von eurer wahren Bereitschaft. Erinnert ihr euch, was Gott über Bereitschaft sagte? Und darum geht jeder von euch seinen eigenen Weg. Allein euer freier Wille hat Entscheidungskraft. Merkt es euch gut!

Niemand außer euch ist für euer Leben
ver-ANTWORT-lich.

Erkennt ihr auch dieses Wortspiel? Die Antwort auf eure eigenen Entscheidungen zu erhalten ist gleichzusetzen mit *verantwortlich sein*.

Also, liebe Menschen, – überlegt es euch gut, wie oder was ihr demnächst entscheidet. Denn jede noch so kleine Entscheidung eurerseits hat enorme Auswirkungen auf euer Leben und das Leben der ganzen Menschheit. Werdet euch bewusst, was ihr tut! Denn was ihr tut, drückt aus, wer oder was ihr seid. Wie im Innen, so im Außen. Ein Spiegelgesetz. Es gibt viele Bücher über dieses Thema. Es ist ein sehr wichtiges Thema. Fragt euch:

Ist das, was ich jetzt tue,
in meinem weisesten und höchsten Interesse?
Ist es auch im Interesse der gesamten Menschheit?

Kommt das, was ich tue, von meinem Herzen?
(Dann sind Freude und Liebe die Begleitung.)

oder

Kommt das, was ich tue, von meinem Ego?
(Dann sind Frust, Stress, miese Laune die Begleitung.)

Fragt euch selbst!
Ihr braucht niemand anderen zu fragen.

Aber: Fangt jetzt gleich damit an. Sofort.
Nicht erst: ja, aber ...
Erst will ich noch ..., dann ...
Ich habe keine Zeit, weil ...
Eigentlich ..., aber ...
Wenn ich fertig bin mit ..., dann ...
Wenn ich in Rente bin ..., dann ...
Wenn die Kinder groß sind ..., dann ...
Falls Schule oder Studium fertig ist ..., dann ...

Eine unendliche Liste ...

Achtet auf eure Abers und Wenns!

Sie sind lehrreicher, als ihr glaubt.
Sie sind die Anzeige eurer Bereitschaft.

Ihr achtet sehr auf eure Bekleidung
(das Nach-außen-Wirken).
Achtet ihr auch auf eure Begleitung?

Welche Gedanken begleiten euch? Erkennt ihr es? Sie beg*leiten* euch nicht nur, sondern sie *leiten* euch. Habt ihr das gewusst? Seht euch eure Sprachen genauer an. Erkennt, dass jedes Wort eine Auswirkung hat. Jedes!

Es liegt an euch, was ihr denkt.
Es liegt an euch, wie ihr euer Leben gestaltet.

Es liegt an euch!
An niemandem außerhalb von euch.

Vertraut, achtet auf Zufälle – das Leben ist Fülle

Babaji: Lass uns über Vertrauen reden.
Vertrauen in Gott. Vertrauen in dich selbst (dein Höheres Selbst).
Vertrauen in die Fügungen des Lebens. Vertraue!

Vertraue dich dem Fluss des Lebens an.

Vertraue, dass alles so geschieht, wie es gut ist – auch wenn das auf der materiellen Spielwiese oft nicht so zu sein scheint (aus der begrenzten Sicht des Egos heraus). *Vertraue und handle.*

Shantima: Wie?

Babaji: Vertrauen heißt 'losgehen' und auf alle 'Zufälle' achten. Jeder Mensch, der dir begegnet, hat eine Botschaft für dich – große und kleine, wichtige und weniger wichtige. Du wirst sie erkennen. Fange an, darauf zu vertrauen, und der Fluss des Lebens wird ein Fest mit dir feiern, weil du ihn nicht mehr blockierst!

Die 'Wenns', 'Abers' und 'Eigentlichs' sind Versuche deines Egos, dich davon abzuhalten, zu vertrauen. Achte bewusst auf diese Worte in deinen Gedanken. Es ist leicht, sie sofort zu erkennen und zu enttarnen. Sie sind deine Blockaden in gedanklicher Form. Wenn du das sofort erkennst, dann sind sie auch schon aufgelöst. Wann immer du diese Worte denkst (die 'Wenns', 'Abers' und 'Eigentlichs'), dann denke statt dessen:

Das Leben ist Fülle.

(Mangel ist eine Erfindung meines Egos,
um mich kleinzuhalten!)

Das Leben ist Fülle.
Ich bin hier, um Frieden,
Freude und Fülle froh zu leben.

Liebes Ego – ich lasse mein Herz entscheiden.
Ab sofort.

Shantima: Ich habe es gelesen. Langsam ... und gefühlt, wie die Furcht und Sorgen sofort von mir gewichen sind. Eine wunderbare Möglichkeit. Danke, lieber Meister.

Babaji: Wendet diese Worte an – gebt sie weiter! Ich bin da, wenn ihr sie denkt oder sprecht. Ich bin da, in euren Herzen, um sofort aufzulösen, was aufzulösen ist.

Es ist ein weiteres Geschenk der geistigen Welt an die Menschheit. Lebet endlich! Lange genug habt ihr nur dahinvegetiert. Es ist jetzt die Zeit, wirklich zu leben. Leben ist Fröhlichkeit, Mut, Liebe, Freude, Fülle, Gesundheit, Mitgefühl. Leben ist Glücklich-Sein. Alles, was dem nicht entspricht, ist Illusion. Jetzt ist die Zeit, diese Illusion zu überwinden. Wir sind hier bei euch, liebe Menschen, mitten unter euch. Jedoch bedarf es eurer Bereitschaft und eures Vertrauens. Mehr nicht. Es ist leicht und doch schwierig für die meisten von euch.

Seid mutig!
Vertraut euren Herzen!

Befreit euch von der Herrschaft der Uhren

Babaji: Warum ist die Uhrzeit so wichtig für dich?

Shantima: Hm ... so genau weiß ich das jetzt nicht. Ich wollte es 'ganz genau' aufschreiben, habe aber bemerkt, dass es seltsam ist, dass ich 1:16 Uhr hörte, aber 1:20 Uhr sah. Wegen dieser Differenz von 4 Minuten weiß ich nicht, was ich schreiben soll, denn die Wahrheit soll es sein. Obwohl die Zeit Illusion ist! Das alles erscheint mir jetzt, wo ich darüber nachdenke, als verrückt.

Babaji: Vergesst die Uhren! Ihr braucht sie nicht! Sie fesseln euch an die Illusion. Ihr bildet euch ein zu wissen, 'wie spät' es ist. Aber wie 'spät' ist es? Ist es jetzt früh oder nachts? Was soll das alles?

Shantima: Das weiß ich auch nicht. Richtig bewusst wird es mir erst jetzt.

Babaji: Hast du darüber nachgedacht, seit wann die Menschheit nur noch 'nach der Uhr' lebt? Geweckt werdet ihr von einem Wecker, wenn möglich sogar von einem modernen Radiowecker, damit ihr gleich das Getöse der Illusion in voller Power erhaltet. Danach habt ihr eure 'Zeit' genau verplant. Alles ist getaktet: aufstehen, waschen, Zähne putzen, anziehen, aufs Klo gehen ... Merkt ihr denn, wie sehr ihr euch fesseln lasst? Wohl dem, der es bemerkt. Wenigstens tragen diese Menschen keine Armbanduhren mehr. Ihr solltet sie Pulsuhren nennen, denn sie bestimmen euren Puls – euren Rhythmus.
(Mit trauriger Stimme:) Und ihr merkt es nicht einmal, dass es so ist.

Shantima: Die so genannte moderne Zeit ist nur noch auf Minuten aufgebaut. Das stresst die Menschen. Das also ist Stress ... oder?

Babaji: Jeder von euch spürt, dass ihr euch diese 'Zeitplanung' aufdrängen lasst. Ihr fühlt euch ständig bedrängt. Meistens sagt ihr: "Ich habe keine Zeit." Welch völliger Blödsinn! Albert Einstein hat es euch schon mit der Relativitätstheorie bewiesen. Aber habt ihr sie auch verstanden?

Shantima: Wohl eher nicht, jedenfalls nicht so.

Babaji: Dann lasst euch erklären: Es ist eine Illusion, zu glauben, dass ihr keine Zeit habt! (Sage einem Uhrenträger, er soll eine Strichliste machen, wie oft er täglich auf die Uhr schaut! Auch du tust es noch oft, obwohl du keine Pulsuhr hast.) Aber dadurch, dass ihr so oft auf eure Uhren schaut, entsteht die Illusion des Zeitmangels. Und schon habt ihr den Mangel kreiert. So einfach funktioniert das. So wie ihr glaubt, so wird es auch geschehen. Wenn ihr glaubt, ihr habt 'in der heutigen Zeit' keine Zeit mehr: So sei es! Es liegt ein scheinbarer Mangel vor, weil ihr euch mit Dingen beschäftigt, von denen ihr glaubt, dass ihr sie *tun müsst. Gar nichts müsst ihr tun!* Ihr habt einen freien Willen! Jeder!

Setzt euch einen ganzen Tag lang an einen Ort in der Natur,
dorthin, wo ihr euch wohl fühlt.
Und die Natur wird euch lehren, was Zeit ist.

Aber da höre ich von den Menschen: "Dazu habe ich keine Zeit!" Was soll das? Strebt ihr die Meisterschaft an, euch selbst freiwillig zu fesseln? Eure Uhren sind schlimmer als Gefängniswärter! Und ihr merkt es nicht einmal. Bitte achtet darauf, wie oft ihr auf eure Zeitanzeiger schaut, dann wisst ihr schon ein wenig, was ich meine. Die Pflanzen und die Tiere interessieren eure Uhren nicht. Sie wissen, dass sie frei sind. Lernt von ihnen!

Shantima: Das Buch 'Momo' ist ...

Babaji: ... ein Versuch, die Menschheit wachzurütteln. Einigen hat es geholfen.

Shantima: Was ist Zeit?

Babaji: Eine Illusion, das ist sie doch sowieso. Aber eure Uhren vervielfältigen es. *Ihr lebt in einem ständigen eingebildeten Mangel an Zeit.* Das macht müde – lebensmüde. Erinnert euch an glückliche Momente in eurem Leben! Habt ihr da auf Uhren geschaut? Und wenn, dann ist der Zauber im gleichen Augenblick vorbei. Uhren stehlen euch Zeit. Sie gaukeln euch ständig vor, ihr hättet keine. Sie treiben euch ständig an! Alles lasst ihr von Uhren bestimmen! Fast wirkt es schon wieder witzig, wenn man euch dabei zusieht. Die Uhr beherrscht den Menschen! Die Uhren herrschen über euch. Werdet euch dessen bewusst:

Beobachtet euch einen Tag lang selbst,
dann versteht ihr, was ich meine.

Dann seid ihr bereit, euch von der Herrschaft der Uhren zu befreien. Dann seid ihr nicht länger versklavt.

Shantima: Das sind harte Worte.

Babaji: Sie sind wahr. Beobachte es! Ziehe deine eigenen Schlüsse. Handle danach. Das ist alles.

Shantima: Das ist alles?

Babaji: Ja – ich bin nicht gekommen, um euch zu predigen, ich liebe es, wenn ihr selbst entscheidet. Aber wachsam solltet ihr entscheiden. Seht euch eure Gewohnheiten an. Sie alle sind gute Lehrmeister. Sehr gute Lehrmeister. Denn ihr könnt sie nur dann anschauen, wenn ihr sie als solche *wahrnehmt*. Wenn ihr das tut, euch selbst beobachtet, dann seid ihr ein Stückchen wachsamer.

Dann erkennt ihr plötzlich, in welcher Situation ihr euch befindet. Dann erst seid ihr in der Lage etwas zu verändern, was ihr nicht mehr länger wollt. Und das *Erkennen erfordert Wachsamkeit.* Immer.

Eure roten Ampeln im Straßenverkehr sind auch gute Lehrmeister. Denn dort habt ihr (alle!!) ganz besondere Emotionen des Mangels an Zeit. Gleichzeitig jedoch erscheinen euch diese rote Ampeln ewiglich seiend. Denkt darüber nach ...

Babaji: Gefällt dir das Thema nicht?

Shantima: Es ist so einfach, nichts Besonderes.

Babaji: Für manche Menschen ist es so. Für manche Menschen ist es etwas Besonderes. Es liegt daran, dass du das schon begriffen hast. Viele von euch aber werden beim Lesen anfangen, darüber nachzudenken – und das ist sehr wichtig, sehr wichtig.

Shantima: In der Einfachheit liegen viele Schlüssel für uns?

Babaji: Oh ja.

Shantima: Entkompliziert euch?

Babaji: Bitte, denkt nach über das Uhren-Thema. Ihr erkennt es währenddessen, was ich meine. Jeder auf seine individuelle Weise.

> *Anmerkung von Shantima: (Als unser Gespräch beendet war, schaute ich übrigens gleich auf die Uhr.) Wenn ich nachts im Bett schreibe, genügt mir das Licht einer Kerze als Beleuchtung. Genau in dem Augenblick, als ich mit dem Schreiben fertig war und das Heft weggelegt hatte, ging die Kerze aus.*
>
> *Danke, lieber Meister, für deine wunderbare Art, mir Lehren zu erteilen!*

Einige Tage später:

Babaji: Was ist Zeit?

Shantima: Eine von uns Menschen eingebildete Vergangenheit, Gegenwart und Zukunft?

Babaji: Es ist sehr schwierig, euch Menschen Zeit zu erklären ... Warum zögerst du, zu schreiben?

Shantima: Das weiß ich nicht, es ist einfach so.

Babaji: Möchtest du lieber meditieren? Dann meditiere über die Zeit.

Shantima: Wie kann ich das am effektivsten tun?

Babaji:

Denke an das Wort 'ZEIT'
und gehe in dich.

Das ist alles.

Erkennt, was ihr denkt

Babaji: Was ist los mit dir?

Shantima: Ich weiß nicht so recht. Irgendwie zweifle ich an mir selbst. An dem, was ich empfange.

Babaji: Was??

Shantima: Hat der Steinadler mit mir kommuniziert?

Babaji: Aber ja. Warum zweifelst du daran? Ich habe dich noch einmal lesen lassen, was geschrieben steht über die Liebe, die du bist und aus der alles und alle bestehen. Das ist der Grund, weshalb mit allen und allem Kommunikation möglich ist. Du weißt es. Du erfährst es. Trotzdem zweifelst du noch immer!

Shantima: Wenn ich nur wüsste, warum.

Babaji: Mache dir keine Sorgen. Es werden immer mal wieder Zweifel auftauchen. Besonders dann, wenn du wieder sehr viel 'erinnert' hast. Du kannst dann nicht glauben, dass es ist, wie es ist, weil du so lange Zeit geschlafen hast unter dem dichten Schleier der Illusion – der Maya*.

Shantima: Also spinne ich nicht? ... Du bist so wortkarg.

Babaji: Vielleicht willst du heute mehr reden?

Shantima: Ich bin neugierig auf Elementarwesen, denn ich habe ein Buch geliehen bekommen und es 'verschlungen'.

Babaji: Ich weiß.

---

*Maya ist die täuschende Kraft, die der Schöpfung innewohnt. Sie bewirkt, dass der Eine als Viele erscheint. Maya offenbart sich als Dualität / Gegensätzlichkeit. Sie entspricht dem 'Satan' (hebräisch wörtlich: 'Gegner') im Alten Testament.

Maya ist die der Schöpfung innewohnende, magische Kraft, die im Unbegrenzten und Unteilbaren scheinbare Begrenzungen und Teilung hervorruft.

Die einzige Aufgabe von Maya (oder Satan) in Gottes Plan besteht darin, zu versuchen, die Aufmerksamkeit der Menschen vom Geist auf die Materie zu lenken. Das heißt, von der Wirklichkeit auf die Unwirklichkeit.

Maya wird auch 'der Schleier der Vergänglichkeit' genannt. Diesen muss jeder Mensch lüften, um dahinter den Schöpfer – die ewige unveränderliche Wirklichkeit – zu schauen.

Mahamaya: 'große Weltillusion'

Shantima: Lehrst du mich etwas, was ich wissen darf?

Babaji: Du weißt bereits alles. Du hattest heute im Wald Kontakt.

Shantima: Ja, aber ich war mir nicht sicher, ob ich spinne ...

Babaji: Was sagte das Elementarwesen zu dir?

Shantima: „Ich bin schon lange bei dir und habe auf dich gewartet, aber in deiner Dichte war es noch schwierig, mich zu spüren." Im Wald bin ich dann zu allen Sorten von Pilzen geführt worden – auf wundervolle Weise, anders als sonst. Es war kein Suchen, sondern ich wusste irgendwie immer, wohin ich gehen muss.

Babaji: Und?

Shantima: Und??

Babaji: Ist das kein Beweis?

Shantima: Oh ja, das ist für mein Herz ganz einfach. Aber mein Verstand begreift es wohl noch nicht.

Babaji: Dann ist es an der Zeit, Herz und Verstand zu verbinden, damit sie endlich so zusammenarbeiten können, wie sie geschaffen wurden. Möchtest du das?

Shantima: Ja.

Babaji: Gut.

Shantima: Gut?

Babaji: Mehr ist nicht zu tun! Will es und so sei es. Das ist alles.

Shantima: Du sagst das so einfach.

Babaji: Aber es ist *einfach.* Warum denkt ihr Menschen noch immer, dass alles kompliziert sein muss? Das ist das alte Denken! Damit kommst du nicht weiter. Noch einmal:

Will es und so sei es.

Das *ist* alles.

Shantima: Gibt es eine Hilfe? Ein Mantra?

Babaji: Wozu? Will es, so sei es. Das ist alles!

Erkenne es, Shantima! Alles ist so, wie du es willst. Dein freier Wille ist heilig. Du bist ein Schöpfer. Und es ist an der Zeit, dass du das voll und ganz verstehst! Denn du bist voll und ganz. Es fehlt nichts an dir. Alles ist da. Allein deine Zweifel hindern dich daran, das zu schöpfen, was du willst.

Shantima: Ich möchte nicht mehr zweifeln. Nicht mehr zweigeteilt (Herz/Kopf) sein.

Babaji: Dann sei es – sei, was du schon bist.

Shantima: So 'einfach'!?

Babaji: So einfach! (ohne Anführungszeichen!) Die Wahrheit bezaubert durch Einfachheit. Lege das komplizierte Denken ab. Es ist dir nicht mehr dienlich.

Shantima: Hilfst du mir?

Babaji: Ich bin in deinem Herzen. In den Herzen der Menschen. Ich bin immer da. Es liegt an dir, an euch, ob ihr meine Hilfe wünscht. Auch das ist einfach.

Shantima: Ich wünsche deine Hilfe.

Babaji: Sei. Sei ganz!

Shantima: Ich bin ganz. Ein Satz, um zu meditieren?

Babaji: Meditiere mit diesem einen einfachen Satz. Berichte dann morgen, was du persönlich empfunden hast. Om Namah Shivay.

Jeder trägt die Verantwortung für sein Leben selbst

Anmerkung von Shantima: Eine ganze Woche ist vergangen, ohne dass ich eine einzige Zeile geschrieben habe. Meine alten Zweifel und Ängste sind wieder da gewesen. Viele Menschen mit Problemen waren hier. Aber ich war in einem Buddhistischen Dharma Zentrum und durfte in der Energie von Lama Wally sein. Das ist es doch! Dieser Frieden, diese Kraft, diese in sich selbst genügsame Ruhe, diese unbeschreibliche Liebe, wenn sie mir in die Augen sah. Ich bedanke mich.

Babaji: Und?

Shantima: Schön, dass du da bist, geliebter Meister. Ich glaubte, du würdest mich zappeln lassen.

Babaji: Wer lässt hier wen zappeln? Ich bin immer gegenwärtig – und du?

Shantima: Ich habe mich verzettelt. Doch jetzt bin ich hier. Wirklich hier. Erst jetzt weiß ich (seit gerade eben), dass ich den Mut habe, dieses Buch zu schreiben.

Babaji: Schon wieder Zweifel?

Shantima: Leise, viel leiser als je zuvor ...

Babaji: Hatten wir schon über Zweifel geredet?

Shantima: Hm ...

Babaji: Schau nicht nach! Verstehe den Sinn eines Zweifels! Er hat nur einen einzigen Zweck: dich von *deinem* Ziel *deines Herzens* abzubringen. Das Herz kennt keine Zweifel. Und darum ist es so wundervoll, einfach diese zweifelnden Gedanken *so-fort* zu erkennen. Erkenne sofort einen Zweifel, und somit ist er geschwächt, sende ihm Liebe aus deinem Herzen, und schon ist er 'so-fort' (So schnell, wie er entstand, ist er auch schon gegangen).

Sei präsent! Sei wachsam!

Es ist so *wichtig*, euch zu sagen, wie *wichtig* es ist, darauf zu achten, was ihr denkt. In jedem Atemzug ist es *wichtig, wach* zu sein. Damit euer Geist *sofort* reagieren kann. Alles, was ihr sofort erkennt, kann in Liebe erlöst werden. Aber wie wollt ihr Zweifel erlösen, wenn ihr sie nicht als solche identifiziert? Zweifel sind identisch mit dem Ego. Erkenne sie sofort, und sie sind auch schon wieder weg. Es ist so einfach, so einfach ... Allerdings erfordert es eure Bereitschaft, vollkommen wach durch euer Leben zu wandeln. Wach!

Wacht auf!

Ihr habt lange genug im Dämmerschlaf zugebracht!
(Babaji sagte es ganz leise und mitfühlend.)

Erkennt, was ihr denkt! Und dann denkt, was euch Freude bringt!
Alle Gedanken, die Angst machen, die machen euer Herz zu.

Seid wachsam!

Eure Gedanken sind mächtig!
Sie sind die Lenker eures Lebens.

Das ist wichtig – sehr wichtig,
dass ihr in jedem Atemzug eure Gedanken wahrnehmt.

Nehmt ihr wahr, was ihr denkt?

Hört damit auf, so schlampig zu denken!
Eure Gedanken haben Macht – große Macht!
Vor allem über euch selbst.

Alles negative Denken gilt euch selbst.

Es ist wie das Beispiel, mit dem Zeigefinger auf einen Menschen oder eine Situation zu zeigen: Zeigt ihr hin, so ist es *ein* Finger, der von euch weg zeigt – aber es sind *drei* Finger, die zu euch selbst zeigen. Ein bildliches Beispiel.

Alles was ihr denkt, beeinflusst vor allem anderen euer eigenes Leben. Nicht immer sofort auf die Sekunde. Aber es ist so. Achtet darauf. Achtet darauf, was ihr denkt. Denn genauso gestaltet sich euer Leben. Denn ihr selbst seid es, die euer Leben gestaltet. Denkt darüber nach! Probiert es aus:

Begegnet ihr einem anderen Menschen wohlgesonnen
– vom Herzen her –,
dann werdet ihr euch auch wohl fühlen.

Begegnet ihr jemandem mit Groll,
so könnt ihr nichts anderes als Groll fühlen.

Es geht immer von euch selbst aus.
Immer.

Es gibt nichts mehr,
was ihr auf irgendjemand anderen abschieben könnt.
Jeder trägt die Verantwortung für sein Leben selbst.

Es ist sehr wichtig, dieses alles zu verstehen.
Sehr wichtig.

Habt Vertrauen in eure eigene Kraft

Babaji: Na, bist du bereit?

Shantima: Worüber wollen wir reden?

Babaji: Schreibe 'kommunizieren'. Das trifft es besser. Reden ist meist eine sehr einseitige Sache.

Shantima: Ja, kommunizieren wir.

Babaji: Wie hat dir dein Traum gefallen?

Shantima: Der Traum, in dem du da gewesen bist? Dieser wundervolle Traum, als du an meinem Dritten Auge gearbeitet hast?

Babaji: Ja.

Shantima: Wundervoll. Ich hatte Vertrauen. Vollstes Vertrauen in das, was geschieht.

Babaji: Wie ist es, voll zu vertrauen?

Shantima: Unbeschreiblich leicht und friedlich – geborgen und trotzdem neugierig. Einfach geschehen lassen, was geschieht, in dem Wissen, dass alles, was geschieht, in meinem weisesten und höchsten Interesse ist. Wundervoll.

Babaji: Vertrauen. Was beinhaltet es?

Shantima: Geschehen lassen. Fließen lassen. Gedankenfreiheit.

Babaji. Wie ist es für dich? Du neigtest sehr zu Sorgen in allen Bereichen deines Lebens, als wir uns wieder trafen.

Shantima: Es ist das Gegenteil. Es ist Sorglosigkeit. Nicht dieses 'Mir-doch-alles-egal-Gefühl', sondern eine vertrauensvolle Sorglosigkeit. Es geschieht einfach – das, was geschieht. Ich verspüre Vertrauen in die Abläufe meines Lebens. Sogar ohne den Intellekt zu befragen. Denn der würde mir alles Mögliche an Grenzen aufzählen, an eingeübten Mustern vorbeten. Aber das ist es nicht, was ich möchte.

Babaji: Vertrauen ist sehr wichtig, Shantima.

Ohne Vertrauen kannst du niemals ein Leben führen, was deiner Bestimmung entspricht.

Denn allein dein Herz weiß, was du bist. Vertrauen bedeutet: annehmen. Annehmen von dem, was dir dein Leben bringt. Annehmen in dem Wissen, dass alles gut ist – genauso wie es ist. (Oftmals versteht man es als Mensch erst spät im Nachhinein, manchmal erst in der nichtinkarnierten Zeit.) Es ist ein Geschenk: Vertrauen.

Shantima: Weil es glücklich macht, und das Leben viel leichter fließen kann?

Babaji: Auch das. Es ist ein Geschenk: Vertrauen ist die Ermutigung, das zu tun, was dir Freude macht. Ungeachtet von irgendwelchen Moralvorstellungen oder Gesetzen einer künstlichen, menschlichen Gesellschaftsordnung. Es bedeutet:

Ich vertraue:
Ich fühle, dass das, was ich tue, gut für mich ist. Obwohl es keinen logischen Sinn ergibt. Ich weiß es, weil ich mein Herz fühlen kann, wie es Freude empfindet.

Ich vertraue,
auch wenn die jetzigen Lebensumstände nicht so aussehen, wie ich sie gerne hätte, vertraue ich darauf, dass sich alles fügt. Denn ich fühle, dass sich nach und nach alle selbst-gebauten Schranken in meinem Inneren öffnen. Durch diese innere Öffnung kann sich auch im Außen – auf der materiellen Spielwiese – manifestieren, was mir gut tut.

Ich vertraue,
weil ich fühle, dass ich etwas tue, was nicht nur mir selbst zu Gute kommt, sondern auch der gesamten Menschheit und der Erde, der Schöpfung.

Ich vertraue
voll und ganz, weil ich weiß, dass ich in Wahrheit *voll und ganz* bin, und ich fühle, dass mein Weg zur Erinnerung an mein Selbst sich immer mehr beschleunigt.

Ich vertraue
meinem Höheren Selbst, weil ich fühle, dass ich geführt werde – auf liebevolle Weise.

Ist es so?

Shantima: Ja. So empfinde ich es. Danke.

Babaji: Dann schenke der Welt Vertrauen. Denn indem du vertraust, vertraut die ganze Welt ein wenig mehr. Und diese vielen 'Wenigs' ergeben eine große Kraft.

Schließt euch zusammen,
die ihr zu vertrauen in den Fluss des Lebens gelernt habt.

Schließt euch zusammen, um es denen zu lehren,
die es noch vergessen haben.

Aber hütet euch davor, viele Worte zu gebrauchen.

Lebt es denen vor, die es noch vergessen haben.
Lebt es, Vertrauen zu haben.

Auf diese Weise entsteht
Kommunikation von Herz zu Herz.

Denn die Herzen der Menschen tauschen sich aus. Immer, wenn ihr euch begegnet. Achtet darauf, wie es ist, vertrauensvoll seinen Weg zu gehen und währenddessen auf Menschen zu treffen, die das noch vergessen haben. Ihr habt auch eine große Verantwortung gegenüber euch selbst und gegenüber allen Lebewesen. Vertraut.

Und habt Vertrauen in eure eigene Kraft.

Mit eurem freien Willen bestimmt ihr euer eigenes Leben

Babaji: Du bist durcheinander, verwirrt.

Shantima: Das stimmt.

Babaji: Was ist los mit dir?

Shantima: Wenn ich das wüsste. Gestern noch habe ich voller Freude am Computer gesessen und die Seiten für dieses Buch aus meinem handschriftlichen Manuskript übertragen. Jetzt bin ich wieder verwirrt, zweifelnd ...

Bitte, hilf mir weiter!

Babaji: Erinnere dich, dass du bist. *Sei.* Fühle die Liebe in deinem Herzen.

Ich gebe euch eine Meditation,
die euch schnell hilft,
wenn ihr verwirrt seid:

Konzentriere dich auf dein Herz.
Spüre, dass in deinem Herzen Liebe ist.

Fühle, wie diese Liebe pulsiert,
fühle, dass diese Liebe da ist.
Fühle, dass du diese Liebe bist.

Sende diese Liebe an alle und alles in deiner Umgebung.
Jetzt öffne dich dafür, Liebe zu empfangen,
denn alles, was du aussendest, kehrt vielfach zu dir zurück.

Sei in diesem Gefühl von Liebe.
Genieße es solange du es willst.

Shantima: Erklärst du bitte 'Meditation' genauer?

Babaji: Meditation = die eigene Mitte finden, in der eigenen Mitte sein. Ein Weg, euer Selbst zu finden. Ein Weg ...

Anmerkung von Shantima: Hier bat ich Babaji um eine Pause, weil ich mich zu unsicher fühlte, um zu schreiben. Aber er sprach einfach weiter, und somit schrieb ich. Und mit jedem Wort fühlte ich mich sicherer ...

... euch zu vereinen mit eurem Höheren Selbst. Alles ist in euch. Darum ist es so wichtig, diesen Zugang zu euch selbst wieder zu entdecken. Meditationen sind Momente der gewollten Stille, der gewollten Selbstfindung. Das macht sie so wirkungsvoll. Denn ihr selbst seid es, die ihr euch dazu entscheidet zu meditieren, oder ihr entscheidet, es nicht zu tun (weil ihr es nicht versteht, was es ist, weil der Schleier noch zu dicht ist um euer Herz herum). Es ist keine Zauberei. Jeder kann es tun. Jeder, der es tun will, kann es tun. Und es ist ein guter Weg, um ins bewusste Sein zu gelangen.

bewusst sein = Bewusstsein

Wenn ihr euch also bewusst zur Meditation entscheidet, dann gebt ihr ein deutliches Signal, dass ihr eine Möglichkeit sucht, euch selbst zu finden. Dieses Signal wird immer erhört. Es ermöglicht uns, euch zu helfen. Es bedarf immer eures Einverständnisses. Wir können nicht helfen, wenn ihr es verweigert.

Das ist das Geschenk Gottes an die Menschheit:
Der heilige freie Wille.

Inzwischen gibt es schon sehr viele Möglichkeiten auf der Erde, sehr viel mehr als vor einiger Zeit. Wenn ihr es wirklich wünscht, dann werdet ihr auch ganz schnell zu einer – für euch perfekt geeigneten – Möglichkeit geführt. Aber nur dann, wenn ihr es wünscht, das heißt, erlaubt. *Nichts geht ohne euer Einverständnis.* Das ist ein sehr wichtiges kosmisches Gesetz. Darüber solltet ihr nachdenken. Ihr habt so viel Macht. *So viel Macht!* Jeder Mensch bestimmt selbst, wie er lebt und was er lebt. Jeder Mensch. Hört damit auf, andere für euer Leben verantwortlich zu machen. Denn das ist nicht so. Ihr allein seid ein jeder für sein eigenes Leben verantwortlich. Es gibt nichts und niemanden, der über euer Leben bestimmen kann.

Noch erscheint es manchem von euch übertrieben, jedoch werdet ihr, wenn ihr es wirklich wünscht, im täglichen Leben bemerken, dass es ist, wie es ist. Die Voraussetzung ist: Seid wachsam! Achtet auf eure Gedanken und die daraus resultierenden Ereignisse und Situationen. Sehr bald schon werdet ihr mühelos Zusammenhänge erkennen. Eure Gedanken, Worte und Taten bekommen immer Antworten.

Ihr seid Liebe! Gott hat euch aus Liebe erschaffen. Wenn ihr das wiedererkennt, dann ändert sich euer Leben: hin zu Glück und Zufriedenheit.

Es ist hilfreich, jeden Abend vor dem Einschlafen diese Meditation durchzuführen, denn dann schlaft ihr ein – im Bewusstsein von Liebe. Mit jedem Mal spürt ihr deutlicher, dass alles aus Liebe ist.

Alles ist Liebe. Alles ist eins – ein und dieselbe Liebe. Ihr habt genug davon in euch! Verschenkt sie. Verschenkt Gedanken der Liebe. Denn auf diese Weise Gedanken zu verschenken heißt, ihr beschenkt euch selbst. Gleichzeitig beschenkt ihr andere und euch selbst. Könnt ihr euch das vorstellen? Stellt es euch vor! Es ist einfach, so einfach, sich selbst und andere glücklich zu machen – wenn man es nur will. Der Wille geschehe.

Ich will ... ist ein sehr mächtiger Satz!
Denn es geschieht.

Gedanken sind das Mächtigste, was ihr habt

Babaji: Empfindest du es als hell?

Shantima: Ja, im ersten Moment fühlte ich mich geblendet.

Babaji: Ja, du siehst, welches Licht eine einzige Kerze verbreitet, wenn man sie in absoluter Dunkelheit anzündet.

Shantima: Mitten am Tag würde ich sie wohl nicht einmal bemerken, jedenfalls nicht als helles Licht.

Babaji: Was sagt dir das?

Shantima: Eine kleine Kerze hat enorme Auswirkungen.

Babaji: Schon ein wenig Licht vertreibt die Dunkelheit. Ist es so? Oder wie empfindest du jetzt, nachdem du dich an das Licht der Kerze gewöhnt hast?

Shantima: Angenehm. Aber jetzt ist es nicht mehr so blendend hell, sondern eher ein Dämmerlicht.

Babaji: Schreib es auf, was du jetzt denkst.

Shantima: Ist das der Unterschied? Der Unterschied, wie die geistige Welt und die Menschheit Gottes Licht empfinden?

Babaji: So ähnlich. Aber genau das wollte ich dir sagen: Wenn du dich *gewöhnt* hast an eine gewisse Helligkeit, dann empfindest du ganz anders als zuvor. Obwohl es ein und dieselbe Helligkeitsstufe ist. Was sagst du dazu?

Shantima: Nichts ist so, wie es zu sein scheint.

Babaji: Diese Aussage gefällt mir. Mehr müsste man jetzt nicht mehr erklären.

Shantima: Ach doch, erkläre bitte weiter ...

Babaji: Jetzt bist du wohl wach? Eben noch hast du nicht recht gewusst, ob du wirklich den Bleistift zur Hand nehmen sollst oder lieber weiter schläfst oder wenigstens ‘nur’ meditierst.

Shantima: Jetzt bin ich wach. Wieso habe ich 'nur meditieren' gedacht?

Babaji: Weil du es lieben gelernt hast und du es nicht mehr als anstrengend empfindest.

Shantima *(gähnend vor Müdigkeit)*: Und dennoch wach?

Babaji: Was nun? Müde oder wach?

Shantima: Irgendwo dazwischen. Ich kann es nicht so genau sagen.

Babaji: Ein Zwischenzustand?

Shantima: Hm.

Babaji: Es ist ein Zwischenzustand, in dem du dich befindest, sobald du das Leben als Mensch beginnst. Du empfindest nicht mehr die Wachheit, die du als Lichtwesen hast. Du bist aber auch nicht so sehr müde, dass du nicht denken könntest. Ein Zwischenzustand.

Shantima: Warum?

Babaji: Weil ein Mensch die Verbindung zwischen der materiellen Welt und der geistigen Welt ist. Beides in sich vereint. Es ist eine wunderbare Erfahrung. Die Seele wohnt vorübergehend in einem Körper. Somit ist es ihr möglich, Erfahrungen zu machen, die sie niemals machen könnte, wenn sie nicht in einem Körper wohnen würde.

Shantima (*gähnend*): Die Müdigkeit zum Beispiel?

Babaji: Auch, ja. Doch noch viel mehr. Alles, was du anfassen (begreifen) kannst mit deinen Händen zum Beispiel.

Shantima: Darum fassen Babys und Kinder so gerne alles direkt an, was sie gerade erwischen?

Babaji: Ja, denn sie entdecken gerade, wie es sich anfühlt, ein menschliches Wesen zu sein. Sie erinnern sich noch vage an den körperlosen Zustand.

Shantima: Das ist interessant. Nur schade, dass ich mich kaum noch daran erinnere.

Babaji: Wenn *du* mit *deinem* Herzen *dich* erinnerst, dann weißt du schon noch alles. Alles ist gespeichert.

Shantima: Wirklich buchstäblich alles? Alles, was ich je war. Auch das, was ich je empfunden habe?

Babaji: Ja.

Shantima: Und doch sind alles relative Empfindungen, so wie es mich gerade das Kerzenlicht lehrte?

Babaji: Wunderbar. Genau so ist es. Und daran solltet ihr denken, wenn ihr euch aufregt über irgendetwas in euren Leben, womit ihr nicht klarkommt. Es ist nur eine relative Empfindung. Fliegt in Gedanken in die Höhe eines Adlers. Seht euch von dort aus euer Problem an, dann ist es schon ganz anders, als wenn ihr 'mittendrin' steckt. Oftmals genügt es schon, gedanklich nur einen Schritt zurückzutreten (so, als ob man sich selbst zusehen würde), um die Sache aus einer anderen Perspektive zu betrachten. Welch unterschiedliche Ergebnisse und Empfindungen ... Erkennt ihr es? Erkennt ihr, was ich euch sagen will?

Shantima: Ich? ... noch nicht ganz genau ...

Babaji: Ich sage euch: Macht euch nicht so viele Probleme selbst. Ihr seid Meister darin, Probleme zu erfinden.

Shantima: Was??

Babaji: Seht euch eure Welt an. Überall stellt ihr Zäune auf, baut Mauern ... Sichtschutz nennt ihr das meist.

Shantima: Wahrhaftig, wir begrenzen unsere eigene Sicht!

Babaji: Ihr baut euch selbst ebenso gedanklich Zäune und Mauern. Und dadurch fällt es euch so schwer, überhaupt einen anderen Blickwinkel einzunehmen. Es ist an der Zeit, eure gedanklichen Beschränkungen aufzugeben. Wie ist der Text des Liedes, den du in Gefangenschaft gelernt hast?

Shantima: Die Gedanken sind frei ...

Babaji: Wunderbar. Wie hast du das empfunden, damals?

Shantima: Das war mein Trost, das hat mich am Leben erhalten. Eine Ahnung von dem, was in Wahrheit ist?

Babaji: Die Gedanken *sind frei!*

Und genauso, wie ihr denkt, ereignet es sich. Die Energie folgt immer dem Gedanken. Es kommt natürlich darauf an, wie stark ein Gedanke ist. Es gibt starke, aber auch flüchtige Gedanken. Ein jeder wirkt sich aus – je nach seinem Energiepotenzial.

Achtet darauf, was ihr denkt!

Ich kann es nicht oft genug sagen. Solange, bis ihr es verinnerlicht habt. Denn dann geschieht, 'was' ihr seid. Dann geschieht alles aus Liebe. Liebevolle Gedanken können nur Liebe erzeugen.
So einfach ... so einfach!

Shantima: Manchmal habe ich liebevolle Gedanken, doch im Außen passiert weniger Liebevolles. Dann ist es sehr schwierig, diese liebevollen Gedanken zu halten.

Babaji: Das sind Auswirkungen von Gedanken, die du bereits hattest. Nicht alles wirkt sofort – immer je nach Energiepotenzial.

Shantima: Also: Je mehr wir lernen, unsere eigenen Gedanken zu beherrschen, das heißt, liebevoll zu denken, desto weniger Leid erzeugen wir für uns und für andere. Wolltest du uns das sagen?

Babaji: Auch das.

Gedanken sind das Mächtigste, was ihr habt.

Shantima: Das wird für viele neu sein.

Babaji: Nicht neu, nur vergessen. Alles erschafft ihr aus eurem Denken heraus.

Shantima: „Nothing happens unless first a dream."[*] Dieser Satz steht auf einem Poster, welches mir sehr gefällt und mein Herz berührt hat, schon Jahre zuvor ...

---

[*]Nichts ereignet sich, ohne zuerst ein Traum gewesen zu sein.

Babaji: Geht sorgfältig um mit euren Gedanken.

Seid wachsam.

Das ist das Wichtige, was Babaji euch sagt. Immer wieder, immer wieder. Es ist nicht einfach für euch, ständig daran zu denken, was ihr denkt. Jedoch ist es der Weg, den ein Mensch gehen kann. Durch Wachsamkeit im Denken bewusst werden. Probiert es aus! Versucht es nur eine Minute lang, dann bemerkt ihr bewusst, wie viele Gedanken euch beg*leiten*. Denkt das, was euch Freude macht! Dann ist Freude das Resultat eures Lebens! Denkt das, was ihr euch für euch selbst von Herzen wünscht. Dann kann die Welt heilen. Das ist es, was Jesus sagte zu euch. Das ist es, was alle Propheten sagten zu euch: *Seid Liebe*. Das Verrückte daran ist, dass ihr in Wahrheit bereits Liebe seid, denn ihr seid aus Liebe erschaffen, wie also könntet ihr etwas anderes sein? Und dennoch scheint es so ...

Seid Liebe!
– Die Liebe, die ihr seid. –
Tragt euer Licht in die Welt.

Dann vergeht alle Dunkelheit. Liebevolle Gedanken sind lichtvoll. Wenn ihr das Farbspektrum sehen könntet, was ihr mit eurem Denken bildet, dann würdet ihr sofort verstehen, sofort! Denkt in Liebe, dann denkt ihr Licht! Wenn ihr lieblose Gedanken denkt, dann denkt ihr dunkel. Also ist es für jeden von euch einfach, sich dazu zu entscheiden, was er denken will.

Liebe = Licht　　　lieblos = Schatten

Shantima: Es gibt keine Schatten ohne Licht. Es ist verwirrend.

Babaji: Es kommt auf die Sichtweise an. Je mehr Menschen sich dazu entscheiden, liebevolle Gedanken zu denken, desto lichtvoller ist es auf der Erde. Licht verbreitet sich in alle Richtungen mit hoher Geschwindigkeit. Das habt ihr alle in „Physik“ gelernt. Aber was ihr nicht gelernt habt, ist, dass Gedanken ein Lichtspektrum haben! Lichtvolle Gedanken haben ein viel höheres Potential, sie breiten sich viel schneller und effektiver aus als Gedanken ohne Licht.

Könnt ihr es jetzt einigermaßen verstehen? Es ist wirklich wichtig, was ihr denkt. Achtet darauf! Das kann nur jeder selbst tun. Ein jeder für sich selbst (und trotzdem für alle anderen mit). Eure Gedanken bilden mit allen Gedanken der Menschen einen großen Gedanken – ihr nennt es Kollektivbewusstsein. Und wie dieser eine große Gedanke dann aussieht, bestimmt jeder Mensch mit. *Jeder!*

Versucht, es am Beispiel der mathematischen Physik zu verstehen. Je mehr Menschen lichtvoll denken, desto heller ist es. Bringt Licht in euer Leben! Jeder Einzelne ist gefragt. Jeder kann so viel bewirken. Ihr glaubt immer noch, dass ihr nichts bewirken könnt als Einzelne? Doch! Viele Einzelne ergeben ein großes Ganzes.

Und wie willst Du etwas ändern, Mensch,
wenn Du nicht bei Dir selbst damit anfängst?

Es ist dieser Weg! Bei sich selbst anzufangen. Automatisch breitet sich dann dein Licht aus auf die Menschen, die du triffst. Du berührst sie von Herz zu Herz. Eine einzige Begegnung kann oft alles verändern.

Tragt euer Licht in die Welt,
denn ihr seid das Licht.
Jeder Einzelne von euch.

Ihr findet mich in euren Herzen.

Babaji

Sucht in allem die Liebe

Babaji: Glaubtest du, das Buch sei fertig?

Shantima: Nicht ganz, aber sicher war ich mir nicht.

Babaji: Schön, dass du es einem Verleger zum Lesen gegeben hast. Das bedeutet eine Veränderung in deinem Denken. Vor einiger Zeit hättest du es nicht gewagt, weil du glaubtest ...

Shantima: Ich soll es sagen? Ich glaubte, ich sei zu gering, um irgendetwas in dieser Art der Welt zu schenken.

Babaji: Schön, dass du dieses Denken abgelegt hast.

Wisse:
Niemand ist gering.
Und keiner ist geringer als ein anderer.
Keiner ist von Gott bevorzugt.

Keiner.
Wie könnte das auch möglich sein,
wenn alle und alles aus Gottes Liebe erschaffen ist?

Gott liebt bedingungslos.

Shantima: (träumend) ... bedingungslose Liebe ...

Babaji: Kannst du dir vorstellen, wie es ist, bedingungslos zu lieben? Es ist so wundervoll. Es bedeutet, alles anzunehmen, was ist.

Shantima: Für Gott und die geistige Welt ist das bestimmt einfach, denn ihr habt doch einen anderen (phänomenalen) Blickwinkel als wir in Menschengestalt.

Babaji: Genau darum geht es. Es geht darum, dass ihr Menschen euch erinnert, dass ihr Liebe seid – aus Liebe erschaffen. Und dass ihr euch daran erinnert, dass auch ihr alles aus einem anderen Blickwinkel (so wie du es nennst) betrachten könntet, wenn ihr es wollen würdet.

Shantima: Wollen würdet?

Babaji: Ja. Ist es dir zu einfach?

Shantima: Es klingt einfach. Sehr einfach. Aber wie kann mir geholfen werden beziehungsweise wie kann ich mir selbst helfen, wenn ich will?

Babaji:

Sucht in allen und allem,
wem oder was ihr begegnet, die Liebe.
Sucht überall nach dem kleinen Funken von Liebe
und dann entzündet ihn.

Shantima: In einem Baum die Schönheit erkennen ...?

Babaji: Und ihm dafür danken, dass er da ist und euch Schatten spendet und seine Früchte, sein Holz und Sauerstoff. Dankt den grünen Wesen für ihr Dasein. Ihr werdet bemerken, dass sie euch erhören und sich freuen, dass ein Mensch vor ihnen steht, der sein Herz nicht mehr verschlossen hat.

Shantima: In einem Menschen, der uns unangenehm erscheint, das Gute sehen?

Babaji: Ja. Denkt darüber nach, weshalb er euch unangenehm erscheint. Das ist ganz wichtig. Denn er tut es, damit ihr etwas erkennen könnt und dürft. Nämlich das, was euch als unangenehm an eurem Gegenüber erscheint, spiegelt genau das, was ihr an euch selbst nicht mögt oder annehmen könnt. Denkt also ganz genau darüber nach. Ein jeder, der euch begegnet, spiegelt euch, wie es in euch selbst aussieht. Lernt daraus. Nehmt die Geschenke an, die euch genau diejenigen bringen, die ihr als sehr, als äußerst unangenehm empfindet. Genau daran gilt es an euch selbst zu arbeiten. Ihr nennt es Spiegelgesetz oder Resonanz. Ihr zieht ganz genau die Energien an, die euch widerspiegeln, wie ihr euch eurer Mitwelt gebt, beziehungsweise spiegeln sie euch wider, was ihr in euch selbst verdrängt habt oder nicht wahrhaben wollt oder nicht annehmen könnt. Jeder, der euch nervt, bringt euch ein großes Geschenk. Er spiegelt wider, was in euch selbst vorgeht.

Die, die euch angenehm sind, bringen euch das, was ihr gern sein möchtet. Sie haben schon mehr an sich 'gearbeitet', deshalb fühlt ihr euch wohl in ihrer Nähe. Sie helfen euch, indem sie euch zeigen – auch ohne Worte –, wie es sein kann, wenn man zufriedener ist in sich selbst. Wie es sein kann, wenn man der bedingungslosen Liebe immer näher kommt.

Darum hat Jesus gesagt: „Liebet eure Feinde!" Denn gerade sie spiegeln euch wider, woran ihr noch in eurem Inneren zu arbeiten habt, wenn ihr es wollt. Sobald eure Bereitschaft da ist, an euch zu arbeiten, damit ihr eurem Selbst wieder näher kommt, bekommt ihr auch (ganz automatisch) ein ganz anderes Verhältnis zu denen, die euch unangenehm sind. Ihr denkt darüber nach, was sie euch zeigen wollen – meist zeigen sie es euch unbewusst. Sobald ihr erkannt habt, worum es überhaupt geht, und lernt, es in euch selbst anzunehmen, können diese Art Begegnungen aufhören. Denn dann begegnet ihr wieder den Menschen, zu denen ihr in Resonanz steht. Meist sind es andere. Selten entwickelt ihr euch parallel. Falls doch, so nennt ihr es 'lebenslange' Freundschaften. Denkt nach: Wie sieht es aus in eurem täglichen Leben? Wen trefft ihr? Was empfindet ihr?

Achtet auf eure Begegnungen!

Achtet auch darauf, wen ihr gerne in eurer Nähe wisst – sie helfen euch bei eurer Selbstfindung. Vielleicht geben sie auch kleine Hinweise. Achtet darauf. Eure Begegnungen sind allesamt kein Zufall. Sie sind abhängig von euren Gedanken.

So wie ihr denkt geschieht es.
Ihr zieht an im Außen, was ihr denkt im Inneren.

Denkt ihr, dass etwas unmöglich ist, so wird es so sein.

Denkt ihr, dass alles möglich ist, so wird es so sein.

Vielleicht ist das noch ein schwer zu verstehendes Konzept für einige von euch, die das lesen. Probiert aus, was ich euch sage. Probiert es aus in eurem täglichen Miteinander. Sobald ihr euch *bewusst* begegnet, hat sich schon sehr viel geändert in eurem Leben. Nämlich, dass ihr die Bereitschaft habt, über euren Zustand, in dem ihr euch befindet, nachzudenken.

Und alles beginnt in eurem Denken.

Es ist so wichtig, was ihr denkt.
So wichtig!

Achtet auf eure Absichten

Babaji: Na ... wie ist es, mitten in der Nacht wach zu sein?

Shantima: Immer noch ungewohnt ... und müde ...

Babaji: Schön, dass wir trotzdem weiter schreiben. Weißt du, worüber ich mit dir reden möchte? Lass uns reden über das, was ihr Absicht nennt. *Ab-sicht* ist das, was ihr glaubt, was eintritt, wenn ihr etwas in Absicht (mit Absicht) tut. Woher aber wollt ihr wissen, wie etwas sein wird, wenn ihr etwas Bestimmtes getan habt? Ihr wisst es nicht. Trotzdem tut ihr es. Mit und ohne Absicht.

Shantima: Jetzt machst du mich wirr ...

Babaji: Sagst du nicht selbst zu deinen Kindern: „Solange ihr es nicht absichtlich tut, ist es nicht so schlimm."

Shantima: Das ist wahr. Ich sage es zum Beispiel, wenn ein Glas umfällt oder ähnliches.

Babaji: Was also bedeutet Absicht? Es bedeutet, etwas zu tun in dem Bewusstsein, dass das Tun eine bestimmte, gezielte Wirkung hat.

Ab	sicht
voraus	sehen, ahnen

etwas be*ab-sicht*igen (ein gewisses Ziel verfolgen)

Die Absicht bei eurem Tun spielt eine sehr große Rolle. Es kommt darauf an, ob ihr in weiser Absicht (das heißt im Interesse aller Geschöpfe) oder in egoistischer Absicht (das heißt den Interessen eures kleinen Ego folgend, was meist zur Folge hat, anderen in irgendeiner Weise zu schaden) handelt. Ahnst du es, worauf ich hinaus will?

Shantima: Wieder handelt es sich um Bewusstsein – welche Gedanken man hat?

Babaji: Das ist so sehr wichtig.

Achtet auf eure Absichten.
Daran erkennt ihr, in welcher Weise ihr denkt.

Wann immer eure Absicht beinhaltet, irgendjemandem oder irgendetwas zu schaden, dann ist es keine weise Absicht, das heißt, dann schadet ihr vor allem und allen anderen am meisten euch selbst. Könnt ihr das verstehen?

Jeder Gedanke, der jemandem oder etwas schadet,
schadet *immer* euch selbst am meisten.

Wenn ihr also die Absicht habt, etwas zu tun, was im weisesten Interesse aller Lebewesen ist, dann tut ihr auch gleichzeitig euch selbst am meisten etwas Gutes.

Shantima: Obwohl es weder gut noch schlecht gibt?

Babaji: Darüber reden wir später. Lass uns in einfacher Weise über die Absicht reden.

Absichten sind sehr starke Gedanken,
denn sie entstehen absichtlich.

Shantima: (Nicht nur) ein Wortspiel?

Babaji: Das, was ich sagen möchte, ist: Wenn ihr euch eurer Gedanken bewusst werden wollt, dann ist es am einfachsten, bei dem Erkennen eurer Absichten zu beginnen. Denn diese sind sehr *offen-sicht*-lich in eurem Denken. Aus diesem Grund könnt ihr sie sehr leicht erkennen. Wenn ihr das tut – sie gleich erkennt –, dann wird euch vielleicht erst einmal die wirkliche Auswirkung eurer eigenen Absicht bewusst. Und alles, was euch bewusst ist, könnt ihr selbst lenken: Ändern oder verstärken. Das ist nur möglich, wenn ihr auch erkennt, was ihr denkt. Fangt an, über eure Absicht nachzudenken. So lernt ihr euch selbst kennen. Ihr werdet sehr überrascht sein, wie interessant es ist, über die eigene Absicht nachzudenken, anstatt über die Absichten anderer zu spekulieren.

Lernt euch selbst kennen!

Nur so könnt ihr die
bewussten Schöpfer eurer Leben sein.

Ihr werdet gar keine Zeit mehr finden, über andere Menschen und Dinge allzu viele Worte zu verlieren, wenn ihr erst damit begonnen habt, euch um euch selbst zu kümmern. *Ent-deckt* euch selbst! Eine große Herausforderung! Habt Mut und beobachtet stets euer eigenes Denken. Wenn jeder das tut, ist Frieden auf der Welt.

Fangt an, eine friedvolle Welt zu erschaffen.

Fangt bei euch selbst damit an!
Ein jeder für sich selbst
und somit ebenso für alle anderen.
Einen umgekehrten Weg gibt es nicht.

Du kannst nicht andere erkennen,
bevor du nicht dich selbst erkannt hast.

Du kannst nicht andere glücklich machen,
bevor du nicht selbst glücklich bist.

Alles geht von eurem Denken aus!
Alles.

Om Namah Shivaya

Befreit euch von euren Ängsten

Babaji: Was ist Angst?

Shantima: Abwesenheit von Liebe? Mangelndes Vertrauen?

Babaji: Angst – Angina – Enge. Ihr fühlt euch klein und eng. Unzulänglich. Wovor habt ihr Angst?

Shantima: Es sind viele Dinge oder eher Situationen. Meist ist die Ursache nicht eindeutig erfassbar – diffus. Zum Beispiel haben manche von uns Zukunftsängste oder Angst vor Spinnen.

Babaji: Spinnen?

Shantima: Viele Menschen haben Angst vor Spinnen.

Babaji: Warum?

Shantima: Ich weiß es nicht.

Babaji: Was ist so angstmachend, wenn ihr eine Spinne seht? Sie sitzt da in aller Ruhe und wartet oder spinnt ihr Netz. Was ängstigt dich mehr?

Shantima: Wenn sie ruhig dasitzt.

Babaji: Weißt du, warum das so ist?

Shantima: Nein.

Babaji: Wann sitzt ihr ruhig da?

Shantima: Die meisten von uns wohl kaum noch. Geschäftigkeit ist angesagt.

Babaji: Spinnen zeigen euch Geduld. Etwas, was ihr verlernt habt. Es ist euch unheimlich, dass es Wesen gibt, die einfach 'nur' da sind und auf Beute warten. Scheinbar ohne zu handeln. Die Spinne webt ihr Netz – kunstvoll und in Ruhe – niemals hektisch. Dann wartet sie ab, was geschieht. *Nichts-tun*. Das fällt den meisten Menschen sehr schwer. Deshalb habt ihr Angst vor diesem Tier, welches ihr Spinne nennt. Sie kann etwas, was ihr nicht könnt. Dasitzen und warten – geduldig warten auf das, was geschieht. Aber dann, wenn ihre Beute sich im Netz verfängt, handelt sie blitzschnell. Also ist sie unberechenbar. Wieder eine Eigenschaft, die ihr nicht mögt.

Shantima: Es liegt also nicht an ihrem Aussehen?

Babaji: Das Aussehen verbindet ihr mit diesen Eigenschaften, die euch vollkommen fremd geworden sind. Alles Fremde ist euch suspekt.

Shantima: Es sind die Geduld und die Unberechenbarkeit, die uns Angst machen? Und auch das blitzschnelle Handeln?

Babaji: Ja.

Shantima: Das ist unglaublich.

Babaji: Oh! Aber wahr.

Shantima: Jetzt verstehe ich. Wir haben also Angst vor Dingen, die wir nicht können (verlernt haben) oder deren Zusammenhänge wir nicht erkennen?

Babaji: Ja ...
Das ist der einzige Grund für Angst. Mangelndes Bewusstsein.

Shantima: Mangelndes Bewusstsein?

Babaji: Wenn du etwas nicht erfassen kannst, nicht weißt, womit du es zu tun hast, dann steigt dieses Gefühl auf, was ihr Angst nennt. Es ist ein körperliches Signal, dass ihr in Gefahr seid. Irgendeiner Gefahr. Nicht genau benannt.

Shantima: Und weiter ...

Babaji: Gefällt es dir? Angst zu haben?

Shantima: Absolut nicht!

Babaji: Es ist un-an-ge-nehm? Du willst es nicht annehmen, dieses Gefühl der Angst?

Shantima: Ja.

Babaji: Und das ist der Punkt. Deshalb empfindest du Angst.

Shantima: Bleiben wir beim Beispiel der Spinne?

Babaji: Sieh sie dir genau an. Was ist so schlimm an einer Spinne, dass du sie nicht berühren magst?

Shantima: Ich kann es nicht sagen.

Babaji: Nimm dir Zeit für diese Angst. Denke in Liebe an die Spinne, die dir als nächstes begegnet, und beobachte sie. Du wirst bemerken, dass sie keine Gefahr darstellt. Dass sie voller Anmut und Geduld ihr Netz webt – ein einzigartiges Muster. Was also macht dir Angst?

Shantima: Ich weiß es nicht. Vor großen Spinnen erschrecke ich. Dann ist dieses Gefühl einfach da.

Babaji: Nehme es an, dieses Gefühl. Nehme es an – von ganzem Herzen – wie ein Geschenk. Es will dir etwas zeigen.

Frage: Warum verspüre ich jetzt Angst? Und schon, wenn du nach dem Warum suchst, dann kann die Angst nicht stärker werden, sie hat keine Kraft mehr.

Alles, was du annimmst, kann gehen.

Wenn ihr einen starken Wunsch habt, dann ist er nur so lange präsent, bis der Wunsch erfüllt ist. Plötzlich ist alles verflogen. Der Wunsch ist erfüllt und gleichzeitig kann er gehen. So ist es mit allem. Auch mit der Angst. Woher auch immer eine Angst stammt, sie will geliebt werden.

Shantima: Geliebt werden? Das ist enorm schwierig, seine Ängste zu lieben und anzunehmen.

Babaji: Das weiß ich. Liebet eure Feinde – sagte Jesus. Und Angst ist da, um geliebt zu werden, damit sie gehen kann von euch. Angst macht eure Herzen zu. Engt euch ein.

Befreit euch von euren Ängsten,
indem ihr anfangt darüber nachzudenken,
wovor ihr Angst habt.

Meist bleibt nichts mehr übrig von euren Ängsten,
wenn ihr eure Aufmerksamkeit darauf richtet.

Versucht ihr jedoch wegzurennen – geistig wie körperlich –, dann verfolgen sie euch weiter. Solange, bis ihr stehen bleibt und euren Ängsten in die Augen schaut. Sinnbildlich.

Immer, wenn du Angst verspürst
– und sei sie noch so klein oder diffus – ,
dann halte für einen Moment inne
(egal, was du gerade tust).

Höre auf mit dem Tun
und erinnere dich daran, dass du *bist*.

Und im Zustand des *Seins*
sieh deinen Ängsten in die Augen.

Frage, warum sie da sind.
Du wirst eine Antwort erhalten.

Jeder erhält eine Antwort auf seine Fragen
auf individuelle Weise.

Und wenn du deine Aufmerksamkeit bewusst
auf diese Angstgefühle lenkst,
dann ist es oft die Erlösung der Angst.

Denn du nimmst die Angst an – als dein Gefühl.

Seid gegenwärtig

Babaji: Bist du ‘schon’ bereit?

Shantima: Wie meinst du das: ‘schon’?

Babaji: Du weißt es.

Shantima: Ja ...

Babaji: Und ... warum?

Shantima: Ähem ... verzettelt? Und aufgeschoben, aufgeschoben, aufgeschoben ...

Babaji: Und warum?

Shantima: Mangelnde Bereitschaft?

Babaji: Was sagst du?

Shantima: Ich bin nicht konsequent genug. Schiebe alles Mögliche vor mir her. Glaube immer, es ist nicht der richtige Zeitpunkt zum Schreiben.

Babaji: Wann ist deiner Meinung nach der richtige Zeitpunkt?

Shantima: Jetzt hast du mich ... Keine Ahnung!

Babaji: Jetzt. Immer jetzt! Es gibt keinen richtigen Zeitpunkt – außer *jetzt.* Alles, was du tust, kannst du nur im Jetzt tun. Nicht vor einer Sekunde – nicht in einer Sekunde. Sondern jetzt. Es gibt nur diesen einen Augenblick, den ihr *Jetzt* nennt. Alle ‘danns’ und ‘gesterns’ helfen euch nicht. Dort könnt ihr nicht handeln.

Handeln ist nur im Jetzt möglich.

Shantima: Jetzt. Jetzt ist immer, aber doch ist es *nur jetzt.* Gerade glaubte ich, alles auf einmal zu begreifen. Alles ist eins: jetzt – weil jetzt immer ist. Aber jetzt, wo ich es geschrieben habe, verwirrt es mich wieder.

Babaji: Weil du wieder deinen Verstand gebrauchst. Als du es begriffen hast, hast du es mit deinem Höheren Selbst begriffen. Dein Höheres Selbst – ihr nennt es Seele – weiß es.

Shantima: Jetzt – der ewige Augenblick. Dennoch vergeht er scheinbar oder ist scheinbar in der so genannten Zukunft?

Babaji: Es ist ein sehr schwierig zu verstehendes Konzept für euren Verstand. Er will die Zeit linear messen, so wie ihr Menschen es meistens tut, wenn ihr auf eure 'Zeitanzeiger' schaut. Aber was ist Zeit?

Shantima: Auch Albert Einstein hat schon bewiesen, dass Zeit sehr subjektiv von jedem Einzelnen empfunden wird. Obwohl scheinbar eine gleiche Zeitspanne vorherrscht (laut Uhr), empfindet man das Vergehen der Zeit unterschiedlich. Es ist alles verrückt.

Babaji: Es ist nicht verrückt. Es ist wie es ist. Jetzt ist immer. Immer ist jetzt. Es ist euch nicht möglich, in einer anderen Zeit zu handeln – außer im Jetzt.

Babaji: ... aber?

Shantima: Aber!

Babaji: Viele 'Abers'?

Shantima: Mein Verstand meldet sich wieder durch 'abers' ...

Babaji: Also noch einmal: Wann ist es möglich, zu handeln?

Shantima: Immer nur im gegenwärtigen Augenblick. Jetzt.

Babaji: In diesem Moment, während du schreibst, ist jetzt. Genau jetzt ist der vorhergegangene Buchstabe schon Vergangenheit und der zukünftige Buchstabe in der Zukunft. Und dennoch ist es dir nur möglich, *jetzt* zu schreiben. Jetzt ist immer.

Jetzt ist immer – und immer angefüllt mit etwas Neuem.

Shantima: Warte: Jetzt ist angefüllt ... Wie meinst du das?

Babaji: Der Augenblick – oder das Jetzt – währet ewiglich. Es gibt nur diesen Augenblick. Alles Denken über Vergangenes und Zukünftiges ist zwar möglich, aber handeln kannst du nur im Jetzt! Du kannst nicht jetzt sein und gestern schreiben, oder jetzt sein und morgen schreiben. Das Jetzt ist *immer*.

Shantima: Hm?

Babaji: Genauer?

Shantima: Ja, bitte.

Babaji: Was ist, wenn du dir ausdenkst, was morgen ist?

Shantima: Eine Möglichkeit – ohne Details – ich kann es nie genauestens vorausdenken.

Babaji: Noch nicht. Okay. Also erlebst du das, was jetzt ist, mit allen Details.

Shantima: Ja.

Babaji: Aber Vergangenes und Zukünftiges ist nicht so detailliert?

Shantima: Ja – ich denke so ist es.

Babaji: Was sagt dir das?

Shantima: Der Körper – es ist der Körper, der mich auf das Jetzt begrenzt. Mit seinem beschränkten Verstand kann er nicht alles, was ist, auf einmal erfassen.

Babaji: Und darum ist es auch so wichtig, Körper, Geist und Seele wieder zu vereinen.

Shantima: Denn dann ist *jetzt immer*, aber mit dem Unterschied, dass ich überall handeln kann?

Babaji: Außer mit dem Körper.

Shantima: Hä??

Babaji: Solange ihr in eurem Körper wohnt, ist eure Handlungsfähigkeit begrenzt.

Shantima: Was ist aber mit den Meistern? Du, als du als Babaji verkörpert warst, zum Beispiel?

Babaji: Lass das noch weg.

Babaji: Darum ist es ganz wichtig zu wissen, dass es nur ein Jetzt gibt und dass dieses Jetzt immer ist. Für einen als Mensch Verkörperten ist nur der gegenwärtige Augenblick ausschlaggebend, denn es ist der alleinige Moment, in dem es möglich ist, zu handeln, zu verändern, was du nicht mehr im Einklang mit deinem Herzen erlebst.

Shantima: Irgendwie ist es einfach und kompliziert zugleich.

Babaji: Es scheint so ... Mahamaya – die große Täuschung – spielt euch Begrenztheit vor.

Shantima: Und nur deshalb sind wir begrenzt?

Babaji: Warum bist du so verwirrt? Weil du mit deinem Körper in der Dreidimensionalität lebst, aber Botschaften empfängst von vollkommener Unbegrenztheit. Es scheint unvereinbar.

Shantima: Meine Sichtweise?

Babaji: Du hast beide Sichtweisen gleichzeitig: Die der Liebe = vollkommene Freiheit, verbunden mit allem, was ist. Und die des Körpers und des Verstandes = Begrenztheit. Wie aber vereinbarst du es?

Shantima: Es gilt, Herz und Verstand zu vereinen, dann ist beides einfach so, wie es ist. Einfach, und auch gar nicht mehr so wichtig. Es ist wie es ist – beides ist gültig.

Ein Beispiel? Wir waren auf dem Hörselberg. Auf der Höhe war stahlendblauer Himmel und Sonnenschein – die Sicht sehr weit und frei. Das Tal lag noch vollkommen im Morgennebel – dort herrschte also eine sehr begrenzte Sicht. Beides existiert gleichzeitig, aber die begrenzte Sicht (Vernebelung) ist scheinbar wirklich.

Babaji: Ein gutes Beispiel. Und da ihr noch im Nebel seid, erscheint euch alles so sehr begrenzt. In Wahrheit bist du mit allem, was ist, verbunden. Es gibt keinerlei Begrenzungen. Weder örtlich noch zeitlich. Doch jetzt reden wir von eurem momentanen Zustand – dem Zustand im Nebel. Das heißt: Ihr könnt nur im Jetzt handeln und dennoch ist *immer* jetzt.

Shantima: Ich werde gerade ungeduldig, denn irgendwie verstehe ich schon wieder nicht wirklich, was du heute sagen möchtest.

Babaji:

Lebe *jetzt*!

Lebe immer jetzt. Woanders kannst du nicht leben als Mensch.

Darum ist es so wichtig für euch,
dieses *Jetzt* zu würdigen!

Und nicht immer alles in die Zukunft zu verschieben,
von der ihr nicht wisst, wie sie ausgefüllt ist.

Alles, was du von Herzen möchtest, das tue jetzt. Nicht gestern – nicht morgen, sondern jetzt.

Shantima: Ich lese mir alles noch einmal durch und sage dir dann, ob es für meinen Verstand einen Sinn ergibt.

Babaji: Gut. Bis “dann”.

Shantima: Oh ja, schon verschiebe ich es, weil ich müde bin, und du kennst meine Gedanken ...

Babaji: Schlimm?

Shantima: Nicht mehr. *Jetzt* nicht mehr. Ok, es kann weitergehen.

Babaji: Hast du es verstanden?

Shantima: Willst du sagen, dass wir endlich lernen sollen, im gegenwärtigen Augenblick voll und ganz zu sein?

Babaji: Handelt im Jetzt. Und seid präsent. Meistens sind eure Gedanken in Vergangenheit oder Zukunft, und mit eurem Körper tut ihr etwas. Das ist völlig ineffektiv. Nur, wenn Körper und Gedanken gemeinsam an einem Strang ziehen, dann könnt ihr effektiv handeln. Weißt du noch ... ?

Die Energie folgt immer deinen Gedanken.

Wie also willst du effektiv handeln, wenn die Gedanken ‘irgendwo’ anders herumschwirren, während du handelst? Auf diese Weise entsteht das, was ihr Unzufriedenheit nennt. Das ist der Grund, weshalb so vieles nicht zu dem Ergebnis führt, welches ihr euch erhofft. Achtet auf eure Gedanken. Achtet darauf, ob sie ‘bei der

Sache' sind! Kennst du den Ausspruch? "Du bist nicht bei der Sache." bedeutet, dass deine Gedanken abwesend sind. Und das ist immer ein Zeichen von Zerstreutheit. Wenn etwas zerstreut ist, dann ist es nicht fokussiert, dann hat es sehr wenig Kraft. Dann erfolgen Handlungen ohne Kraft, und ihr erzielt dementsprechende Resultate.

Ein Beispiel? Ein Auto braucht Benzin. Aber innerhalb. Nicht außerhalb (in einem Kanister), denn dann bewegt es sich nicht mit seiner vollen Kraft. Vielleicht schiebst du es mühselig, oder es rollt bergab. Aber bergauf wird es sich nicht bewegen lassen. Verstehst du? Das Benzin ist da, aber wenn es nicht an der richtigen Stelle (im Tank) ist, dann nützt es dir nichts. Vielleicht glaubst du sogar, es nützt dir später (als Reserve). Aber wozu? Wozu? Gebraucht euren Verstand so, wie er erschaffen wurde. Gebraucht ihn im *Jetzt*. Dann ist er eine sehr effektive Hilfe! Er ist nicht der Motor, aber das Benzin (als Mensch).

Shantima: Der Motor ist die Seele?

Babaji: Ja. Doch als Mensch habt ihr den genialen Verstand dazu bekommen, um in der materiellen Welt überleben zu können. Aber ihr vergesst es. Ihr glaubt, das Benzin ist der Motor.

Shantima: Aber es geht doch das Eine ohne das Andere nicht.

Babaji: Nicht als Mensch, das ist richtig. Und wie viele Möglichkeiten ihr habt! In alle Richtungen könnt ihr gehen. In alle Richtungen, in die ihr gehen möchtet. Meistens entscheidet ihr euch nur für eine einzige Richtung, und es fällt euch schwer, noch andere Wege zu entdecken, weil ihr schon 'festgefahren' seid auf eurem einen Weg.

Shantima: Festgefahren? Gleichbedeutend mit 'Stillstand'?

Babaji: Ja. Seht euch um! Es stehen euch so viele Möglichkeiten offen. Alles, was euch nicht dienlich ist, was euer Herz beschwert, müsst ihr keinen einzigen Augenblick lang länger tun. Wovor habt ihr Angst? Es gibt nicht nur einen Weg! Wovor habt ihr Angst? Eure Begrenztheit macht euch Angst. Diese gilt es zu überwinden. Versucht es!

Das, was euch die Kraft raubt – beendet es.
Erst müsst ihr etwas beenden,
damit Platz für Neues entstehen kann.

Wenn ihr den alten festgefahrenen Pfad nicht verlasst, dann werdet ihr niemals wissen, wie schön andere Pfade sind. Wovor habt ihr Angst? Wovor?

Shantima: Genau kann man das nicht definieren, glaube ich … Wohl wegen der Ungewissheit?

Babaji: Was also ist *Ungewissheit*? Alles ist ungewiss, sagtest du vorhin, denn du kannst nicht detailliert voraussagen, was morgen ist. Was also ist *Gewissheit?* Es ist eine *eingebildete Gewissheit*. Es gibt sie nicht. Alles ist ungewiss! Du weißt es nicht, was sein wird. Also – wovor habt ihr Angst, wenn es die Gewissheit nicht gibt?

Shantima: Keine Ahnung …

Babaji: Alles, was Veränderung ist, macht euch Angst. Euer Verstand begrenzt euch sehr, wenn ihr ihn nicht beherrscht. *Ihr* seid die Lenker! *Ihr* könnt – jeder für sich – entscheiden, wohin ihr gehen wollt. Tut es!

Entscheidet euch für das,
was euer Herz leben will.

Es ist leicht zu erkennen:

Alles, was euch Freude bereitet,
entspricht eurer Bestimmung.

Alles, was euch keine Freude bereitet,
bedeutet, dass ihr festgefahren seid.

Ändert eure Sichtweise! Manchmal genügt schon eine minimale Veränderung in eurem Denken! Nämlich: Seid gegenwärtig. Bleibt mit eurem Denken im Jetzt. Nur dann könnt ihr die vielen Möglichkeiten, die sich euch ständig offenbaren, auch erkennen. Darum geht es. Seid gegenwärtig – körperlich *und* geistig! Dann könnt ihr ganz anders handeln: mutig und kraftvoll. Probiert es aus!

Holt eure Gedanken immer wieder
zurück in die Gegenwart.

Gewöhnt euch an, vollständig im Jetzt zu sein,
und es werden sich 'Wunder' ereignen.

Seid präsent.
Gegenwärtig.

Werdet Meister in eurer eigenen Gedankenwelt

Babaji: Hallo.

Shantima: Hm – das ist lustig – ein so einfacher Gruß?

Babaji: Findest du?

Shantima: Finde?

Babaji: *Finde.*

Shantima: Hm?

Babaji: Finden kannst du nur das, was du suchst beziehungsweise was du anziehst. Das, womit du in Resonanz bist.

Shantima: Hallo? Oder: Jay mahashakti ki jay?[*]

Babaji: Zum Beispiel ... Dir gefällt das Hallo nicht mehr. Du freust dich, wenn jemand zu dir sagt: Namasté.[**]

Shantima: Das stimmt.

Babaji: Die Resonanz. Du bist in Resonanz, sogar mit etwas so Alltäglichem wie einem Gruß.

Shantima: Darüber habe ich noch nicht nachgedacht, aber es ist so, wie du es über mich sagst.

Babaji: Resonanz betrifft alles, Shantima. Nicht nur manchmal, nicht nur einmal, nicht nur oberflächlich.

Resonanz bedeutet:
So, wie du in deinem Inneren eingestellt bist,
genau das empfängst du.

---

[*] Jay mahashakti ki jay: Ehre und Preis der unendlichen göttlichen Energie!

[**] Namasté (und die damit verbundene Geste, die Hände vor dem Herzzentrum zu falten): steht für die Überzeugung, dass sich in jedem Menschen ein göttlicher Funke befindet. Wenn wir sie ausüben, würdigt unsere eigene Seele damit die Seele unseres Gegenübers: “Ich verneige mich vor dem Göttlichen in dir.”
Wörtliche Übersetzung: “Nama” verbeugen, “as” ich,“te” du

Shantima: Ich bin der Empfänger und Sender zugleich?

Babaji: Im Wechsel und zugleich. Das, was du denkst, bestimmt dein Leben. Alles, was du denkst, strahlst du aus – dabei ist es egal, ob dir das bewusst ist oder nicht. Du strahlst aus, was du denkst. Und somit kannst du auch nur empfangen, worauf du ausgerichtet bist. (Auch wenn ein Radio an, aber lautlos ist, so empfängt es dennoch den Sender, auf den es eingestellt ist.)

Shantima: So einfach erklärst du das Resonanzgesetz? Endlich kann man es ganz einfach verstehen. Also sind es wiederum die Gedanken, die so sehr wichtig sind.

Babaji: Ja. Sie sind euer wichtigstes Werkzeug, was ihr besitzt.

Denn jeder Gedanke manifestiert das, was er ist.

Shantima: Erklärst du es genauer, bitte?

Babaji: Denkst du liebevoll, dann wirst du liebevolle Erlebnisse haben. Denkst du hasserfüllt, dann wird dir Hass begegnen. Es ist doch so einfach. Einfacher geht es doch nicht.

Das Einzige, worauf ihr achten müsst,
sind eure *eigenen* Gedanken.

Nicht auf die Gedanken anderer!
(Das tut ihr oft.)

Achtet auf das, was ihr denkt!

Schult euch selbst.
Werdet Meister in der eigenen Gedankenwelt!

Alles, was du aussendest, kommt zu dir zurück.
Alles.

Ein kosmisches Gesetz.

Shantima: Warum fällt es uns Menschen so unglaublich schwer, unsere Gedanken überhaupt *bewusst* zu kontrollieren?

Babaji: Weil ihr es vergessen hattet, dass das so wichtig für euch ist. Man hat euch Jahrhunderte lang etwas anderes vorgegaukelt. Doch jetzt ist es an der Zeit aufzuwachen. Lebt! Fangt bei euch selbst damit an. Jeder für sich und dennoch – in der Summe – alle gemeinsam.

Es liegt in eurer Natur, dass ihr glücklich sein wollt.
Nun: dann sendet aus, was andere glücklich macht.

Babaji: Wenn jeder Mensch auf seine eigenen Gedanken achtet, dann bekommt er sehr schnell heraus, dass es Zusammenhänge gibt. Sehr schnell. Und wenn ihr das erst erkannt habt, dann beginnt ihr von selbst darauf zu achten, welche Art Gedanken ihr aussendet.

Shantima: Ich weiß es aus eigener Erfahrung. Es geschieht immer bewusster. Wenn man Gedanken hat, die keinen Frieden bringen, dann bemerkt man es und versucht zu ändern, was man denkt. Aber es ist ein scheinbar schwieriger Prozess.

Babaji: Scheinbar! Durchbrecht eure alten Gewohnheiten – meist hindern sie euch.

Überdenkt, was ich euch sage.
Und vor allem:
Überprüft alles auf seine Richtigkeit.
Und zieht eure eigenen Schlüsse daraus.

Folgt euren Herzen.
Sie führen euch niemals in die Irre!

Lernt wieder zu lieben

Babaji: Lass uns beginnen. Ich werde viel reden – es wird kein Dialog wie sonst sein. Es ist eine Botschaft an die Menschheit. Darum bitte ich dich, einfach nur vertrauensvoll zu schreiben:

Liebe Menschen,
ich möchte heute über ein Thema mit euch reden, das ihr alle als 'Thema Nummer Eins' bezeichnet und bei dem ihr trotz allem die allergrößten Hemmungen habt. Jeder von euch. Die Sexualität. Was bedeutet Sexualität eigentlich? Ihr habt es absolut vergessen. Das, was noch übrig geblieben ist von dieser wundervollen Urkraft, ist oftmals nur ein stümperhaftes, schmerzhaftes Erleben dessen, von dem ihr glaubt, was Sexualität ist. Glaubt ihr denn wahrhaftig, dass es genügt, die Körperteile zu vereinen und dabei geistig völlig abwesend irgendwo anders herumzuschwirren, oder aber nur darauf aus zu sein, einen eigenen Orgasmus zu erleben, von dem ihr glaubt, dass er euch befriedigt? Es befriedigt euch nicht! Jeder Orgasmus, auf welche Art ihr ihn auch immer erhaltet, ist nur ein Abklatsch dessen, was euch in Wahrheit möglich ist!

Was also ist Sexualität in ihrem Ursprung? Glückseligkeit ist Sexualität. Vereinigung. Aber Vereinigung von allem! Von Körper, Geist und Seele. Erst, wenn ihr wieder erlernt habt, dass ihr nicht euer Körper seid, könnt ihr verstehen, was ich euch sage.

Kennt ihr das Gefühl, wenn ihr sagt: "Ich bin verliebt."? Erinnert euch an diesen Zustand. Denn in diesem Zustand kommt ihr dem, was jetzt folgt, am nächsten. Wenn ihr euch körperlich vereinigt, dann verpufft die ganze wunderbare Energie meist deshalb, weil ihr nicht berücksichtigt, euren Geist und eure Seele zu vereinigen. Vor allem in der richtigen Reihenfolge! Erst sind es der Geist und die Seele, die eine Vereinigung wünschen – mit einem Menschen, den ihr liebt. (Ohne Liebe ist es nicht dienlich, euch überhaupt zu vereinigen, denn es schwächt euch gewaltig, wenn ihr eure Körper ohne Liebe ineinander gleiten lasst.)

Erst, wenn Geist und Seele vereinigt sind, kann der Körper folgen. Erst dann ist es euch möglich, eine wirkliche Vereinigung zu erzielen. Eine gewaltige Energie wird dabei freigesetzt. Eine gewaltige Liebesenergie entsteht erst dann, wenn ihr fähig seid, euch vollkommen einzulassen auf das, was ihr Sexualität nennt. Und vor allem: Nehmt euch Zeit! Was ihr meist tut, das sind körperliche Übungen in relativ kurzer Zeit zu absolvieren – mit der Hoffnung auf einen minimalen körperlichen Genuss. Warum lebt ihr so auf Sparflamme, wenn ihr gewaltige Liebesenergien freisetzen könntet? Es gab schon immer Lehren, in denen ihr lernt, miteinander umzugehen. Eine davon nennt ihr Tantra. Was es aber bedeutet, habt ihr auch vergessen.

Darum lasst euch jetzt durch eine Einweihung sagen,
was Sexualität überhaupt ist:

Zieht euch zurück.
Lasst euch jetzt nicht stören.

Und nun bittet darum,
euch *jetzt* zu übermitteln,
was Sexualität bedeutet.

– Stille –

Shantima: Erst wenn ich selbst fähig bin, meinen Körper, meinen Geist und meine Seele zu vereinen, bin ich fähig, mich mit einem Partner zu vereinen. Vorher ist es nur ein winziger Teil dessen, was möglich ist. Daher entstammt wohl das Wort unbefriedigend – kein Frieden. Befriedigung bedeutet: Frieden erlange ich erst, wenn ich vollkommene Vereinigung lebe.

Babaji: Ein Satz, Shantima, ein Satz ...

Shantima: Gebt euch nur hin, wenn ihr wahrhaft liebt! (Ansonsten wird euch keine Befriedigung gelingen.)

Babaji: Das, was ihr zurzeit – auf der Erde – mit euren Körpern macht, ist beileibe nicht dienlich für euch! Es schwächt euch auf allen Ebenen. Und darum:

Gebt euch nur hin,
wenn eure Seele, euer Geist und euer Körper
es gemeinsam wünschen.

Es ist sehr leicht erkennbar, wenn das so ist. Denn dann gibt es keine Scham, keine Zeitdrängelei, keine Gedanken an Akrobatik, keine Gedanken an andere Personen – statt der, mit der ihr euch vereinigt. Es gibt nur Frieden, Begehren, Glück, Wonne. Es gibt kein Gefühl von: Oh, ob ich auch genüge, ob ich auch 'gut' bin im Bett und so weiter ... So einen Unsinn gibt es nicht. Er kommt euch nicht in den Sinn. Deshalb überprüft das, was ihr euer Liebesleben nennt. Denn dann wisst ihr sehr schnell, welche Gedanken euch begleiten während dem, was ihr als Sexualität bezeichnet. Und wenn euch nur ein einziger Gedanke unangenehm ist, dann ist es so, dass ihr nicht wahrhaftig liebt.

Shantima: Was können wir tun, um unser volles Potenzial zu erlangen?

Babaji: Eure Energie nicht mehr so verschwenden. Ihr glaubt doch wirklich (die meisten von euch), was eure Massenmedien euch vorgaukeln. Ihr glaubt an irgendwelche erfundenen Statistiken. Hat euch schon jemals irgendjemand befragt nach euren intimen Gewohnheiten, der das Erfragte für eine Statistik braucht? Oder kennt ihr jemanden, der gefragt wurde? Warum glaubt ihr, dass man euch in eine Norm zwingen kann? Hört auf, an solchen Unsinn zu glauben! Was könnt ihr tun?

Seid ehrlich zu euch selbst!

Vereinigt euch nur dann,
wenn ihr es absolut
und ohne Zweifel wünscht.

Ohne jeden Zweifel.

Hört auf euer Herz.

Euer Herz leitet euch. Aber es kann euch nur dann leiten, wenn ihr euch freiwillig dafür entscheidet. Alles hängt von eurer eigenen Bereitschaft ab, ob ihr es wünscht, euer volles Potenzial wahrlich zu entwickeln, oder weiterhin dahindümpeln wollt. Immerhin wisst ihr jetzt, dass ihr wirklich etwas Herrliches verpasst, wenn ihr so weitermacht wie bisher.

Shantima: Das sind harte Worte.

Babaji: Ich weiß, aber es ist an der Zeit, dass ihr alle begreift, was ihr tut. Und dass ihr selbst es seid, die ihr es steuern könnt! Jeder von euch hat sein Leben selbst zu steuern. Und ihr steuert es durch eure Gedanken und euer Tun: Das gilt es zu erkennen. Auch in etwas so Wichtigem wie eurer Sexualität. Denn sie ist da, um euch Kraft zu geben, um Liebesenergien freizusetzen! Sie ist nicht da, um euch zu schwächen.

Lernt wieder zu lieben,
und alles andere fügt sich von selbst.

Achtet darauf, was ihr euch anhört oder anseht: so wird sich euer Leben gestalten

Babaji: Wovor hast du Angst?

Shantima: Wenn ich das so genau wüsste ... Wohl immer noch unterschwellige Ängste, dass ich nicht genau das übermittle, was du mir sendest? sagst? channelst? spüren lässt? erleben lässt? Ich finde ja nicht einmal die richtigen Worte.

Babaji: Angst ist immer ein Zustand, der dich gefangen hält in der Illusion. Gehe darüber hinaus. Lasse die Ängste zu! Lasse dich darauf ein, was sie dir sagen wollen. Lasse dich von jeder einzelnen Angst durchströmen, und somit spürst du, dass Angst nicht echt ist. Angst ist immer ein diffuses Gefühl. Nie genau bezeichenbar.

Ursprünglich war das Gefühl der Angst dazu gedacht, euren Körper zu schützen. Zum Beispiel:

Höhenangst	= körperlicher Schutz vor Sturz
Angst, eingesperrt zu sein	= körperlicher Schutz vorm Verhungern
Angst vor tiefem Wasser	= körperlicher Schutz vorm Ertrinken
und so weiter ...	

Aber inzwischen habt ihr ganz andere Ängste! Ängste, die euch nicht dienlich sind, um für körperlichen Schutz zu sorgen, sondern Ängste, die ständig und diffus auf euch einwirken. Oftmals wisst ihr nicht, woher sie kommen, oftmals spürt ihr nicht einmal, dass ihr (zum Beispiel) Zukunftsangst habt, sondern seht es als "Ich fühle mich matt, unwohl, schlapp und so weiter." an. Euch wird ständig Angst gemacht. *All eure Medien sind Angstverbreiter.* Und Menschen, die Ängste haben, sind sehr leicht manipulierbar. All die Nachrichten, die eure Medien verbreiten, sind gekoppelt mit Angst. Zum Beispiel: „Hoffentlich passiert mir so etwas nicht." (Unfälle, Pleiten etc.); „Die Welt ist schlecht." (Mord, Verrat etc.); „Nur Negativität überall." (Kriegsberichte, Katastrophen etc.) und so weiter und so weiter. All diese 'Meldungen', die die meisten von euch als unverfälschte, wichtige Nachrichten ansehen (Fernseher) oder anhören (Radio), machen euch Angst. Denn ihr tragt diese Meldungen in eurem Unterbewusstsein mit euch herum und wisst aber nicht, dass ihr euch oftmals deshalb so 'schlecht' fühlt. Alle Worte haben enorme Auswirkungen! Probiert es aus:

Was *fühlt* ihr, wenn ihr diese folgenden Worte denkt?
Achtet jetzt wirklich darauf, was ihr *fühlt*!

KRIEG, HASS, EINSAMKEIT, ZWEIFEL, KRANKHEIT

Was fühlt ihr?

Merkt es euch, was ihr *gefühlt* habt, und lest nun diese Worte:

LIEBE, FÜLLE, LICHT, GESUNDHEIT, KLARHEIT, FRIEDEN

Was *fühlt* ihr jetzt?

Bitte nehmt euch Zeit für diese einfache Übung. Spürt in euch hinein. Und wie fühlt sich euer Körper an, wenn ihr diese Worte lest? Euer Körper gibt euch immer Entsprechungen zu dem, was ihr fühlt (Gänsehaut, Kribbeln, Jucken, Frieren, Schwitzen etc.). Habt ihr es jetzt bewusst erlebt? Habt ihr erlebt, wie sich Worte für euch *anfühlen?*

Jedes Wort hat eine Bedeutung für euch.
Achtet bitte darauf, was ihr euch anhört und anseht.

Wenn ihr euren Mind* mit negativen Nachrichtenmeldungen bombardiert, dann ist es keinesfalls verwunderlich, dass ihr aggressiv werdet – und unglücklich. Denn ihr seid es, die ihr diese Worte und Bilder mit euch tragt. Wenn auch unterbewusst. Doch euer Unterbewusstsein ist viel größer und mächtiger als euer Tagesbewusstsein. Das ist sehr wichtig für euch, zu wissen. Gebt nicht länger eure Verantwortung ab. Lasst euch nicht mehr länger manipulieren!

Achtet auf eure Gefühle, wenn ihr das nächste Mal 'nach-Richten' hört oder seht. Ist das der Zustand, in dem ihr euch wohl fühlt? Ist das der Zustand, in dem ihr verweilen möchtet?

Alle Worte,
die ihr hört, seht, denkt, sprecht,
wirken in euch.
Alle.

Es ist allein eure Entscheidung,
mit welcher Art
von Worten und Bildern ihr euch befasst!
So wird sich dann euer Leben gestalten.

---

*Mind (englisch): Eine direkte, adäquate deutsche Übersetzung gibt es für das englische Wort "Mind" nicht. Es bezeichnet den mentalen Aspekt des Gehirns. Man kann das Wort "Mind" unter anderem – je nach Kontext – mit Geist, Gedächtnis, Verstand, Gemüt, Ansicht, Kopf, Animus, Psyche, Seele übersetzen. Jedes dieser deutschen Wörter bezeichnet allerdings jeweils nur einen möglichen Teilbereich des Bedeutungsumfangs des englischen Wortes "Mind", welches alle diese Bereiche beinhaltet.

Energetisieren

Babaji: Worüber möchtest du schreiben?

Shantima: Bisher hast du immer gesagt, was du sagen möchtest. Es gefällt mir so.

Babaji: Nun?

Shantima: Das Energetisieren von Bildern.

Babaji: Du möchtest wissen, was mit euren Bildern geschieht, wenn ich sie energetisiere? Es ist ganz einfach. Du bittest darum, dass diese Bilder heilsam sind für die Menschen, die sie ansehen. Da jedoch jeder Mensch seinen eigenen Weg hat und ihr euch auf verschiedenen Wegen befindet, so bin ich immer da, wenn ein Bild von euch angeschaut wird. So kann ich direkt – über dieses Bild – mit dem Betrachter arbeiten. Deshalb ist es sehr gut möglich, sogar sehr wahrscheinlich, dass die Bilder bei jedem etwas anderes bewirken. Eben gerade so, wie es für ihn wichtig ist.

Shantima: Sind dann alle Bilder 'gleich'?

Babaji: Ja und Nein. Das jeweilige Thema, welches bearbeitet wird, zieht den Blick des Menschen auf sich. Es steht damit in Resonanz. Energetisiert bedeutet: Mit meiner Präsenz, meiner Schwingung angereichert, passend zum Thema, welches das Bild ausdrückt. Jeder bekommt so viel von der Schwingung, wie gerade – im Moment des Betrachtens – gut für ihn ist.

Shantima: Man muss es also bewusst anschauen, um die Energie zu spüren?

Babaji: Das ist intensiver, denn dann hast du deinen freien Willen dazu benutzt, diese Energie ganz bewusst zu erhalten. Dennoch 'arbeiten' diese Bilder auch dann, wenn sie im Raum liegen oder stehen, in dem ihr euch befindet. Aber subtiler.

Shantima: Ein wunderbares Geschenk. Danke.

Befreit euch von der Macht der Computerspiele

Shantima: Babaji? Warum spielen so viele Jungs und Männer sogenannte ‘Ballerspiele’ am Computer? Damit komme ich nicht wirklich klar – bin so traurig.

Babaji: Möchtest du darüber schreiben?

Shantima: Ja, aber höre ich dich denn auch wirklich, wenn ich in einem so tieftraurigen Zustand bin?

Babaji: Du hörst mich!

Im Massenbewusstsein der Menschen ist noch sehr, sehr viel Gewaltpotenzial vorhanden. Es ist ein Gesetz, dass vorhandene Energien ständig genährt werden wollen. Wo Hass und Mord geschehen, wird immer mehr davon geschehen. So lange, bis es Menschen gibt, die bei diesem aggressiven Spiel nicht mehr länger mitspielen.

Und bis das alles (Hass und Gewalt) vorübergehen kann, dauert es genau so lange, bis die ‘Waagschale der Gedanken’ umkippt, das heißt, bis viel mehr und stärkere Gedanken von Liebe und Freude in den Menschen vorherrschen. Es bedarf eines unglaublichen (fast unvorstellbaren) Kraftaufwandes, sich nicht von den Energien des Massenbewusstseins verschlingen zu lassen.

Shantima: Aber was ...

Babaji: Du? Du kannst noch tiefer meditieren und bitten, dass allen Menschen geholfen wird. Wenn du dein Bewusstsein auf Liebe ausrichtest, dann tust du das auch für deine Familie – für alle Menschen.

Shantima: Ich fühle dennoch Hilflosigkeit in mir.

Babaji: Lass dich nicht mehr mit ‘hinunterziehen’ in die Gefilde der dunklen Mächte. Die so genannten dunklen Mächte versuchen alles, um jede mögliche Menschenseele zu erobern. Denn erst durch den Menschen können sie sich Ausdruck verleihen. Während ein Mensch diese Art von Computerspielen spielt, unterstützt er auf direkte Weise diese Mächte. Und je öfters jemand diese Spiele spielt, desto schwieriger ist es, dass er den Fängen dieser Mächte wieder entkommt. Der Mensch ist gefangen. Aber er glaubt, frei zu entscheiden, während er diese Art Computerspiele spielt.

Shantima: Er glaubt, frei zu entscheiden?

Babaji: Ja. Das ist das Gefährliche. Du wirst niemals einem solchen Computerbessesenen durch Worte vermitteln können, was er da in Wahrheit tut. Er kann dir nicht glauben, denn er ist besessen, das heißt, besetzt von diesen dunklen Mächten. Und diese verstehen es in Perfektion, alle Menschen, die sie gefangen und geködert haben, auf Dauer an sich zu binden.

Shantima: Aber es muss doch eine Möglichkeit geben, befreit zu werden von dem Drang, diese Morde virtuell zu begehen?

Babaji: Ja. Du kennst die Antwort. Auch hier – wie immer: Der freie Wille eines Computerspielers ist es, der den dunklen Mächten die Macht über ihn verweigern kann. Niemand sonst. Denn selbst, wenn diese besetzten Menschen nur an diese 'Spiele' *denken*, so ist das für die dunklen Mächte Nahrung. Das heißt, sie erhöhen ihre eigene Energie in Richtung Dunkelheit.

Shantima: Wie viel Licht brauchen wir, um der Dunkelheit die Kraft zu nehmen?

Babaji: Sehr viel. Aber es ist möglich! Halte dir stets vor Augen, dass es eines Jeden eigene Entscheidung ist, welche Art Krieger sie sein wollen. Sie haben die freie Wahl, ein Krieger des Lichtes oder der Schatten zu sein.

Shantima: Wissen sie denn wirklich nicht, was sie da anrichten?

Babaji: Doch, das tun sie. Aber die Macht der Dunkelheit ist nicht zu unterschätzen! Die lichtvollen Kräfte sind immer stärker. Jedoch brauchst du dafür viel mehr Mut – viel mehr Willen – viel mehr Ausdauer. Viel mehr von allem, was euch im ersten Moment wahrscheinlich anstrengender erscheint.

Doch wer es schafft, diesen Fängen zu entkommen, weil er selbst es will, der wird reichlich belohnt werden. Denn dunkle Kräfte machen euch Menschen immer abhängig beziehungsweise süchtig, damit sie dann von eurer Kraft zehren können! Alle lichtvollen Kräfte tun das Gegenteil – sie geben euch von ihrer Liebe, von ihrer Energie. Erst wenn ihr das wirklich erkannt habt, könnt ihr wirklich frei sein. Noch einmal:

Alle dunklen Kräfte *leben* von eurer Kraft.

daraus folgt:
Sie machen euch abhängig und süchtig.

Alle lichtvollen Kräfte *geben* euch von ihrer Kraft
Liebe und Licht.

daraus folgt:
Sie führen euch hin zur Freiheit – zur Selbstbestimmtheit.

Sage denen, die solcherart Spiele spielen, sie sollen sich selbst dabei beobachten, welcher Art ihre Gefühle dabei sind.

Sind es: Hass, Dunkelheit, Schadenfreude, Zorn, Wut, Schmerz, Angriffslust, Streitsucht, Aufgewühltsein? Dann seid ihr besetzt von Mächten der Dunkelheit!

Oder sind es: Liebe, Licht, Freude, Glückseligkeit, Dankbarkeit, Frieden, Ruhe? Hier wirken die Kräfte des Lichtes.

Jeder hat selbst die Wahl.
Jeder!
Und die Auswirkungen eurer Wahl sind gewaltig!

Gesteht euch ein, dass ihr abhängig und süchtig nach dieser Art Computerspielen seid – und schon verlieren sie an Macht. Testet euch selbst, liebe Menschen: Was wisst ihr mit der gewonnenen Zeit anzufangen, die ihr sonst vor dem Computer verbringt, falls ihr es schafft, dieses Gerät ausgeschaltet zu lassen? Ist es euch langweilig? Denkt ihr zum Beispiel: “Ich könnte jetzt Computer spielen.”? Sobald ihr solcherlei Gedanken habt, könnt ihr sicher sein, dass ihr euch noch in den Fängen der Dunkelheit befindet. Und zwar aus eigener Entscheidung heraus. Wenn ihr diesen

Zwang nicht mehr wollt, dann lasst es einfach sein! Denn wenn ihr es nur ein paar Tage lang schafft, diese Art Computerspiele nicht zu spielen, verlieren die dunklen Kräfte das Interesse an euch. Sie lassen somit ihre Zügel lockerer und suchen sich ein einfacheres Opfer, denn sie mögen keinerlei Widerstand. Und schon gar kein Licht.

Habt Mut.
Erhebt euch!
Schafft eine Welt in Frieden.

Virtuell oder im Tagesbewusstsein – die Kraft der Gedanken ist gleich stark. Der Energie ist es egal, ob ein Mord 'wirklich' oder virtuell geschieht. Denn es sind die gleichen Emotionen von Hass und Mord. Und diese Emotionen sind es, die die dunklen Mächte 'lieben' und brauchen. Denn ohne diese müssten sie buchstäblich verhungern und somit gehen!

Entscheidet euch.
Und dann lebt eure Entscheidung!
Ihr allein seid es, die ihr euer Leben steuert
und die Verantwortung tragt für alles.

Habt Mut – widersteht den Zweifeln anderer

Babaji: Du möchtest wissen, warum es noch so viele Menschen gibt, die an meiner Existenz zweifeln beziehungsweise daran, dass ich dir diese Worte und Sätze zum Aufschreiben ‘durchgebe’?

Shantima: Ja, das beschäftigt mich sehr.

Babaji: Die Resonanz. Es ist die Resonanz. Jemand, der noch nicht sein Herz geöffnet hat, steckt noch mittendrin im Spiel der Dualität. Er ist noch nicht in der Lage, zu erfassen, dass die Welt viel interessanter und größer ist, als es ihm seine menschlichen Sinnesorgane weismachen wollen. Es zählt bei diesen Menschen nur, was sie mit den physischen Augen sehen oder den physischen Ohren hören oder ertasten und anfassen können. Mehr sind sie nicht in der Lage zu akzeptieren. Und dann kommst du ...

Shantima: Du meinst meine heutige Begegnung per E-Mail?

Babaji: Ja. Euch fragt also jemand, ob ihr es ernst meint, dass es Channelings wirklich gibt. Was denkst du?

Shantima: Ich fühle mich traurig, weil angezweifelt wird, was so wunderbar ist. Gleichzeitig weiß ich, dass ich wahrscheinlich keine Möglichkeit habe, dieser Zweiflerin eine logische, mit dem menschlichen Verstand zu erfassende Antwort zu geben.

Babaji: Was also tust du?

Shantima: Es beschäftigt mich (diese E-Mail), aber ich werde nicht antworten. Denn ich möchte nicht diskutieren, so wie früher. Ich möchte es annehmen, dass diese Frau es noch nicht annehmen kann. Doch wie du merkst, es beschäftigt mich noch immer.

Babaji: Es wird in dieser Zeit immer wieder Menschen geben, die glauben, dass du verrückt geworden bist. *Spaßig fügte Babaji hinzu:* Bist du ja auch! *Ver-rückt* in eine andere Sichtweise. *Immer noch lächelnd sagte Babaji:* Wahrscheinlich hättest du dir vor einigen Jahren selbst nicht geglaubt.

Nimm an! Bekehre niemanden. Denn jeder hat seinen eigenen Zeitplan hier auf Erden. Vertraue darauf, dass alles gut ist, so wie es ist. Konzentriere dich auf deinen eigenen Weg. Mit Worten kannst du nicht viel erreichen. Jedoch mit dem, was du ausstrahlst, erreichst du jeden Menschen, der dir begegnet, im Herzen. Jeden. Die Herzen tauschen sich immer untereinander aus, wenn ihr euch begegnet. Dein Ego wünscht Anerkennung. Dem Herzen ist Anerkennung nicht wichtig. Darum:

Lasse dich nicht von den Zweifeln anderer Menschen vom Weg abbringen. Du weißt, dass du mich hörst, und Du weißt auch, wie es sich für dich anfühlt, wenn du mit mir kommunizierst. Was also ist daran wichtig, was ein anderer Mensch darüber denkt, was du tust? Es ist nur deinem Ego wichtig, weil es bisher so sehr nach Anerkennung gehungert hat. Noch einmal eine Kostprobe der alten Energie ... und ich freue mich, dass du gelassener reagierst als bisher. Jeder, der dieses Kapitel liest, wird wissen, wie dir zumute ist. Denn jeder, der sich auf dem spirituellen Weg befindet, trifft auch auf Menschen, die alles anzweifeln, was er oder sie tut. Es gehört noch zum Spiel auf der Erde. Widerstehe den Zweifeln anderer! Es ist nicht deine Geschichte. Höre auf dein Herz!

Also, liebe Lichtarbeiter:
Hört damit auf, *jemanden mit Worten bekehren zu wollen.* Das gab es seit Jahrtausenden hier auf der Erde. Dieses Wortgeplänkel ist vorbei. Ihr habt doch ganz andere Möglichkeiten! Ihr seid alle nicht mehr auf Worte angewiesen. Oftmals sind Worte dazu da, um euch noch mehr zu verwirren, als ihr es ohnehin schon seid!

Sprecht die Sprache der Liebe!
Schweigend.
Sendet Liebe aus euren Herzen.
Das ist die neue Art der Kommunikation,
und sehr viel wirkungsvoller!

Shantima: Danke. Weißt du – es ist wunderbar, auf diesem Weg zu sein, auf dem ich bin. Doch manchmal ist alles so seltsam, so selten ...

Babaji: Ihr findet euch. Gebt euch Kraft – gegenseitig. Und ihr werdet spüren, was Wahrheit ist. Eure Kraft nimmt ständig zu. In einem rasanten Tempo, das ihr noch nicht gewohnt seid. Ständig gibt es Veränderungen in eurem Leben. Auch daran erkennt man es: Die Leben von denen, die aufgewacht sind, verlaufen nicht mehr im alten Trott. Veränderung ist angesagt. Im Großen wie im Kleinen. Spürbare Veränderungen!

Habt Mut.
Geht euren Weg!

Die Meisterschaft erlangen in Wahrheit, Einfachheit und Liebe

Babaji: Es gibt da noch ein Thema, das viele Menschen sehr beschäftigt.

Shantima: Krankheiten?

Babaji: Ich habe dich deine Gedanken aussprechen lassen, damit sie dir nicht den Kanal verstopfen. Darüber werden wir später reden. (Sagte Babaji mit liebevoller Nachdrücklichkeit.)

Ein wichtiges Thema für euch alle: Die Meisterschaft erlangen – wie soll das überhaupt möglich sein?

Shantima: ... du sagst nichts mehr?

Babaji: Doch, aber die Frage galt dir!

Shantima: Die Meisterschaft erlangen? Mit Ausdauer, Disziplin und einem sehr starken freien Willen, wirklich die Meisterschaft erlangen zu wollen? Unter Führung eines selbstverwirklichten Meisters?

Babaji: Es ist viel einfacher, als ihr euch vorstellen könnt. Die Meisterschaft erlangen ist nichts weiter, als zu euch selbst zurückzufinden. Alles ist bereits da – du bist ein vollkommenes Wesen. Ein vollkommenes, von Gott erschaffenes Wesen! Aber was ist der Grund, warum du das nicht weißt? Weil du freiwillig auf diesen Planeten Erde 'gegangen' bist und dir den Schleier des Vergessens umgelegt hast. Du selbst hast es dir zur Aufgabe gemacht, unter schwierigen Bedingungen herauszufinden, wer du wirklich bist. Ihr alle seid hier, um herauszufinden, dass ihr in Wahrheit göttliche Wesen seid. Mit allem ausgestattet, was ihr braucht, um eine Welt des Friedens zu erschaffen und zu leben. Wie aber ist es möglich, dass ihr immer noch im Dunkeln tappt?

Shantima: Irrwege?

Babaji: Umwege. Irrwege gibt es nicht. Alles ist dazu da, um euch zu dienen, damit ihr euch besinnt, den für euch richtigen Weg zu finden. Und dieser Weg führt immer in euer Innerstes. Das ist wichtig! Denn alle Wege, die ihr äußerlich einschlagt, werden euch niemals zum Ziel führen. Eventuell bringen sie euch dem Ziel näher, weil ihr durch größere Umwege (schmerzhafte Erfahrungen) immer wieder auf das Wesentliche beschränkt werdet – nämlich, die Richtung zu ändern. Geht nach innen! Aber wie? Das höre ich die meisten von euch rufen ... Auch das ist einfach!

Shantima: *Einfach!?* Das sagst du immer.

Babaji: Weil es die Wahrheit ist:

Durch die Kraft der *Liebe* – in jedweglicher Form ihr sie erfahrt – kommt ihr in ganz *einfacher* Weise zur *Wahrheit*.

Indem ihr in *Wahrheit* (auch Ehrlichkeit euch selbst und anderen gegenüber) lebt, werdet ihr *einfach*erer (ihr entkompliziert euch). Dadurch erfahrt ihr mehr *Liebe* in euren Leben.

Und indem ihr ein *einfaches* Leben führt (auf unnötigen Luxus und sinnlose Dinge verzichtet), begreift ihr leichter, dass die *Wahrheit* in der *Liebe* zu allem, was ist, zu finden ist.

WAHRHEIT – EINFACHHEIT – LIEBE

Das ist Babajis Lehre.
Nichts weiter.

Aber manche von euch glauben, dass ihr euch einschränkt, wenn ihr ein einfacheres Leben führt. Warum? Das Gegenteil ist der Fall. Je weniger Ballast (Hab und Gut) ihr mit euch herumschleppt, desto mehr Freiheit habt ihr! Besitz besitzt. Jeder, der zu viel an materiellem Besitz hat, weiß das. Dann seid ihr andauernd damit beschäftigt, eure Häuser sauber zu halten, die Gärten zu pflegen, die Wäsche zu waschen, Autos zu unterhalten, neueste Geräte (die eigentlich die Arbeit erleichtern sollten) anzuschaffen ... Aber um sie anschaffen zu können, müsst ihr mehr Zeit in Arbeit (Geld) investieren. Diesen kräftezehrenden Kreislauf macht sich eure sogenannte Marktwirtschaft zu nutze. Sie fesselt euren Geist an materielle Dinge – ans Beschäftigt-Sein.

Glaubt ihr denn, ihr seid hier auf der Erde, um euer ganzes Leben lang hart arbeiten zu müssen, um 'Geld zu verdienen', um es dann wieder für überflüssige Dinge auszugeben, die euch dennoch kein bleibendes Glücksgefühl bringen? Durchbrecht diesen Kreislauf!

Ein Beispiel: Der, der ein neues, teures Auto will, muss vorher intensiv Zeit investieren, um zu Geld zu gelangen und das Auto auszusuchen. Diese Zeit nennt ihr Vorfreude. Doch wenn dann endlich dieses Ziel erreicht ist, hält die Freude, das ersehnte Glück nur sehr kurz an. Die Wünsche werden größer. Der Gedanke an ein noch teureres, größeres Auto macht sich breit. Das Spiel geht weiter, ohne dass derjenige bemerkt, das er selbst nicht der Spieler, sondern der Spielball ist.

Wenn ihr erkannt habt, dass ihr aus diesem Zustand (nur der Spielball zu sein) aussteigen könnt, dann liegt es an euch, es zu tun (oder nicht zu tun) ... Auch hier wieder eine vollkommen freie Entscheidung: Entweder weiterhin materiellen Gütern nachjagen und doch kein anhaltendes Glück finden? Oder aber, sich nach innen wenden, um langsam, aber sicher den inneren, bleibenden Reichtum erkennen.

Die erstere Version habt ihr alle lange genug durchgespielt, um zu wissen, dass sie euch keine andauernde Freude bringt.

Ich lade euch jetzt ein, ein anderes Spiel zu spielen.

Es heißt:

Lerne dich selbst kennen
– mit all deinen Facetten –

Wer mitspielen will, der sollte weiter lesen, wem es zu anstrengend erscheint, der sollte das Buch jetzt beiseite legen.

Bevor du weiterliest:

Halte inne!
Erkenne, dass sich dein Leben ändert. Jetzt.
Der Beginn einer neuen Sichtweise bedeutet,
dass du die Meisterschaft erlangen kannst,
wenn du es wirklich willst.
Aber vorher solltest du dir vollkommen
im Klaren darüber sein, was du willst.

Das Erlangen der Meisterschaft fordert dich ganz:
Es ist kein Nebenjob oder Zeitvertreib.

Denke nach.
In Ruhe.

Entscheide dich dann.

Jede Entscheidung ist in Ordnung.

Babaji

Transformation

Babaji: Was ist Transformation wirklich?

Shantima: Eine Umwandlung eines Zustandes in einen anderen (erst wollte ich 'höheren' schreiben).

Babaji: *Trans-formation.* Neuanordnung der Form.

Shantima: Also ohne Bewertung? Ohne 'höhere' oder 'niedrigere' Entwicklung?

Babaji: Neuanordnung.

Shantima: Ich verstehe nicht ganz ...

Babaji: Es ist eine Umwandlung – äußerlich und physikalisch und oberflächlich betrachtet. Neuanordnung trifft es besser.

Shantima: Oh ... Physik ...

Babaji: Wohl nicht unbedingt dein Interessengebiet?

Shantima: Es fällt mir nicht unbedingt leicht, Dinge physikalisch zu verstehen.

Babaji: Weil sie auch nicht immer schon die Antworten geben, die wirklich sind. In der Erforschung der Physik gibt es immer wieder Neuentdeckungen. Aber auch wenn sie noch nicht 'entdeckt' ist, die Ursache und Wirkung, so wirkt sie trotzdem als Gesetz auf der Erde: Solange, bis andere Bedingungen herrschen. Dann wirken andere Gesetze. Das heißt, Physik ist keinesfalls eine stabile Größe. Die Wissenschaft wird sehr bald alte Thesen (Annahmen) über Bord werfen. Es ist nicht möglich, physikalische Gesetze für immer so zu lehren, wie sie vor Jahrhunderten gelehrt wurden. Denn auch dieser Planet entwickelt sich, somit sind andere Bedingungen gegeben. Alles ist der Wandlung unterzogen. Alles. Besonders jetzt wird sehr, sehr viel Transformationsarbeit geleistet. Denn um das neue Bewusstsein zu erlangen, nach dem die Menschheit jetzt strebt, bedarf es erst, die grundlegenden Vorkehrungen zu treffen. Diese sind: Neuanordnung allen Lebens. Das heißt: Eure Zellen werden – *jede* Zelle eures Körpers wird – neu angeordnet, damit sie aufnahmebereiter sind für die Energien, die jetzt speziell auf diesen Planeten geleitet werden. Das sind die Energien, die meist als 'hohe Energien' bezeichnet werden. (In Wahrheit gibt es keine Unterscheidung und es gibt sie doch!) *Babaji grinste ... ich dann auch.*

Du möchtest ein Beispiel hören, an dem zu verstehen ist, was vor sich geht? Übrigens: *Vor-sich-gehen:* Über dieses Wort solltet ihr gegebenenfalls nachdenken.

Das Wetter als Beispiel:

Was ist Regen?
    (Shantima): Wasser, flüssig.
Was ist Schnee?
    (Shantima): Wasser, fest, flauschig.
Was ist Quellwasser, oder Meerwasser?
    (Shantima): Wasser frisch und vital, oder salzig.
Was ist Eis?
    (Shantima): Wasser, fest.
Und alles in allem?
    (Shantima): Regen zu Meerwasser, Gletscher in Bäche, in Flüsse. Meerwasser zu Regen und so weiter. Ein Kreislauf?

Ein Kreislauf. Neuanordnung. Und diese Neuanordnung ist in jede Richtung möglich. Also bedeutet Transformation: Neuanordnung von – im Falle des Wassers – einem Aggregatzustand in einen anderen. Aber dennoch ist Wasser gleich Wasser und dennoch sehr differenziert.

Shantima: Gerade noch dachte ich, ich könnte dir folgen ... Und schon ist alles doch verwirrend. ... Sehr differenziert und dennoch gleich? Wie zum Beispiel Quellwasser und Schlammwasser? Die Zusammensetzung der Bestandteile im Wasser ist differenziert? Die Zusammensetzung der Bestandteile des Wassers ist gleich?

Babaji: Ungefähr so. Das führt zu weit. Wichtig ist, dass euch klar wird, was Transformation bedeutet, für euch selbst.

Transformation bedeutet also: Alles wird neu angeordnet, damit der Empfang der *jetzt* anstehenden Energien möglich ist. Eine Anpassung. (Auch Wasser passt sich den Temperaturen an.) Ein *Amethyst* kann dabei sehr unterstützend wirken. In ihm ist alle Intelligenz gespeichert, beim Transformationsprozess behilflich zu sein. Er hilft euch, alles los-zulassen, damit Neues entstehen kann.

Noch ein Beispiel: Wenn du in einer Tasse Kaffee hast, aber lieber klares Wasser trinken möchtest, so musst du erst den Kaffee aus der Tasse entfernen und sie abwaschen – erst dann kann die Tasse das klare Wasser unverfälscht aufnehmen. Ansonsten würden immer wieder Vermischungen (Kaffee / Wasser = alt / neu) geschehen, das heißt, es würde kein klares Wasser sichtbar sein. Obwohl du es vorher ganz klar empfangen hast, wird es, sobald es mit Kaffee = alt in Berührung kommt, sofort wieder 'verunreinigt' beziehungsweise mit vorhandenen alten Informationen angefüllt. Und wie willst du dann den Kaffee von klarem Wasser trennen, wenn sie doch so sehr vermischt sind? Umständlich! Darum:

Erst muss das Aufnahmegefäß
(euer Körper)
transformiert werden,
damit ihr fähig seid,
die Klarheit in euch aufzunehmen,
und sie auch so klar,
wie sie gekommen ist,
zu bewahren.

Shantima: Aber in Wahrheit ist alles schon in uns, sagst du.

Babaji: Ja, aber das Gefäß ist verschmutzt, deshalb könnt ihr nicht klar sehen.

Shantima: Unsere Transformation ist also eine sehr wichtige Voraussetzung.

Babaji: Erst die Transformation – Neuanordnung –, dann könnt ihr besser und klarer euer Leben leben. Neuanordnung bedeutet Veränderung. Somit:

Legt eure Ängste vor Veränderungen ab,
damit die Transformation
spielend leicht geschehen darf.

Disziplin

Babaji: Disziplin – was empfindest du bei diesem Wort?

Shantima: Wenn ich ganz ehrlich bin? Etwas Angst, dass ich von jemand anderem diszipliniert werden soll, das heißt, nach seinen Wünschen zu tanzen. Dieses Wort hat eine Negativ-Besetzung für mich, aber wohl, weil es in unserer Kultur missbraucht wurde, um zu unterdrücken. Andererseits freue ich mich, dass ich endlich die Disziplin entwickelt habe, jeden Morgen 4 Uhr aufzustehen, um zu meditieren und anschließend deine Botschaften aufzuschreiben. Zwiespältige Empfindungen.

Babaji:

Disziplin bedeutet,
sich selbst unter Kontrolle zu haben.

Das ist der Ursprung. Von innen heraus – mit dem eigenen freien Willen – die Disziplin zu haben, sich nicht von den Täuschungen und Verführungen der äußeren Welt vom inneren Pfad abbringen zu lassen. Disziplin bedeutet deshalb für die meisten von euch auch: Oh je, was soll ich denn jetzt 'tun'? Es geht nicht so sehr ums Tun. Vielmehr ums Nichttun von Dingen, die euch schaden. Ein weitaus schwierigerer Weg! Wenn du dich auf dem spirituellen Weg befindest, dann ist Disziplin eines der ersten Dinge, die du wieder lernst: *dich selbst* zu disziplinieren. Disziplin im Denken, das heißt wachsam zu sein, was du denkst. Disziplin auch im Tagesablauf: Es ist wichtig, jeden Tag (um die gleiche frühe Zeit ist hilfreich) zu meditieren. Denn durch Meditation bekommt ihr sehr viel Kraft für euer Leben. Ihr seid es nicht mehr gewohnt, jeden Tag 4 Uhr aufzustehen. Es strengt euch aufs Äußerste an, euch dazu zu überwinden.

Das ist auch Disziplin:
Überwindung von äußeren Hindernissen.

Jeder, der es schafft, jeden Morgen um 4 Uhr aufzustehen, um an seinem eigenen Weg zu arbeiten, hat schon einen riesigen Schritt gemacht! Die Morgenstunden sind die beste Zeit für Meditation – doch dazu später mehr. Ihr könnt es versuchen:

Steht jeden Morgen 4 Uhr auf, um zu meditieren, oder, falls euch noch keine Meditationsform bekannt ist, dann steht auf, um euch mit eurem Herzen zu verbinden und Liebe auszusenden an die gesamte Schöpfung. Spürt, welche Empfindungen ihr dabei habt. Anschließend empfangt die Liebe, die zu euch zurückkommt. Dazu braucht ihr euch nur auf euer Herz zu konzentrieren. In Liebe.

Achtet beim Aufstehen darauf, wie erfinderisch euer Verstand ist! Er wird euch alles mögliche erzählen, um euch davon abzuhalten, wahrhaftig diese 'Verrücktheit' zu begehen: aufzustehen zu einer solchen Uhrzeit! Und sonntags? Auch sonntags – gerade sonntags. Da wird es große Hürden zu überwinden geben in eurem Denken. Jeder von euch hat bestimmt schon einmal versucht, selbst – von innen heraus – diszipliniert zu sein. Der eine möchte zu rauchen aufhören, der andere seine Essgewohnheiten ändern, weniger fernsehen, weniger Computer spielen, öffter in die Natur gehen, effektiver arbeiten, mehr Ordnung haben, weniger Kaffee trinken, mehr Obst essen, weniger Alkohol trinken ... Ich spreche hier ganz absichtlich nur von 'weniger/mehr', denn die wenigsten von euch haben gleich die innere Disziplin von 'kein/viel' zu sprechen.

Disziplin bedeutet:
Die alteingefahrenen Gewohnheiten ändern.

Auch hier wieder Veränderung! Eine große Herausforderung für euren Verstand. Diese Anstrengung möchte euer Verstand sehr gerne vermeiden. Darum hat er viele Überredungskünste, um euch von solchen 'Verrücktheiten', wie um 4 Uhr morgens aufzustehen, abzuhalten. Disziplin – Selbstdisziplin ist jedoch sehr wichtig, um spirituelle Fortschritte zu erzielen.

Alles, was halbherzig geschieht,
bringt euch nicht weiter.

An eurer eigenen Disziplin – ob ihr regelmäßig euren spirituellen Übungen nachgeht – erkennt ihr selbst, wie ernst es euch damit ist, wirkliche Fortschritte machen zu wollen.

Und ganz wichtig ist: Die Disziplin muss aus euch selbst heraus kommen. Ganz von innen. Somit wird euer Inneres immer stärker, denn das Äußere (der Verstand) erkennt, dass er sich fügen muss. Bisher war es meist umgekehrt. Ihr habt eure Entscheidungen meist zugunsten vom Äußeren, vom Verstand her getroffen. Das erscheint auf den ersten Blick auch einfacher! Das ist es auch für diejenigen, die keinen spirituellen Fortschritt machen wollen.

Du jedoch, der du bis hierher gelesen hast, bist dir hoffentlich im Klaren darüber, dass du dich auf einen Weg begeben hast, den nur du – auf deine Weise – von innen her beschreiten kannst. Und um dein Inneres zu stärken, ist die Selbstdisziplin ein sehr wirksames Mittel. Wohl sogar der allergrößte Feind deines Egos. Denn wenn du dich dazu entschieden hast, dein Leben zu ändern, dann ist das mit viel Kraft und Disziplin verbunden. Das sind alles 'Dinge', die dein Ego vermeiden möchte. Es möchte ohne jegliche Art von Anstrengungen pures Vergnügen empfinden. Jedoch sind alle diese Vergnügungen in der äußeren Welt nur von kurzer Dauer und keinesfalls führen sie zu innerem Frieden. Also:

Selbstdisziplin ist eine weitere wichtige Voraussetzung im spirituellen Leben.

Sie ist so wichtig, dass ich euch bitte, es zu versuchen, jeden Tag um 4 Uhr aufzustehen und dabei eure Gedanken zu beobachten. Welcherlei Gedanken sind es, die euch knechten, das heißt, daran hindern, etwas für eure ureigene Entwicklung zu tun? Diese Gedanken könnt ihr um diese Uhrzeit sehr deutlich wahrnehmen, weil euer Ego genauestens weiß, dass bleibende Veränderungen geschehen werden, wenn ihr es von innen heraus schafft, all den Einwänden des Egos zu trotzen. (Jeder, der 'in Schichten' arbeitet, wird bei dieser Aufgabe erkennen, dass es vollkommen wider die Natur ist, überhaupt 'in Schichten' zu arbeiten.)

Nun – wann beginnt ihr? Morgen früh? Übermorgen? Im Neuen Jahr? Im Urlaub? – Wer nicht morgen früh beginnt, hat ein sehr starkes Ego als Gegner. Eine große Herausforderung!

Ich bitte euch, eine Woche lang diese Übung zu machen:

Bitte schreibt auf, welche Gedanken euch davon abhalten wollen, so früh aufzustehen. Ihr werdet euch dadurch selbst viel besser kennen lernen. Aber das könnt ihr nur dann, wenn ihr es wirklich ausprobiert. Es nützt euch rein gar nichts, nur darüber zu lesen und theoretisch nachzudenken. Die Praxis ist äußerst wichtig, denn nur in der Praxis lernt ihr wirklich. Alle Theorie bringt euch nicht wirklich weiter. *Sagte Babaji sehr liebevoll, und fügte voller Verständnis hinzu:*

Rafft euch auf! Seht selbst, wie ernst ihr es damit meint, spirituelle Fortschritte machen zu wollen. Diese einfache Übung wird nicht einfach sein. Jeden Tag – um 4 Uhr – eine Woche lang – ohne Unterbrechung. Bei Unterbrechung beginnt von vorne, bis eine zusammenhängende Woche geschafft ist.

Hier ist viel zu erkennen, auch, ob ihr dazu neigt, euch selbst zu betrügen, indem ihr manches toleriert. Zum Beispiel: "Vielleicht 10 Minuten später." "Einen Tag mal nicht, na und?" und so weiter und so weiter ... Schreibt eure Gedanken auf. Sie werden euch sehr viel erzählen!

Eine Möglichkeit:

Steht um 4 Uhr auf, setzt euch – in der Stille –
bequem hin, schließt die Augen
und konzentriert euch auf euer Herz,
bis ihr spürt, dass es vor Liebe pulsiert.

Genießt dieses Gefühl und teilt es mit anderen.
Das heißt:
Sendet dieses Liebesgefühl an Menschen,
die ihr mögt, und spürt, wie schön es ist,
diese Liebe mit anderen zu teilen.

Wenn ihr Liebe ausgesendet habt,
dann könnt ihr die Liebe empfangen,
die zu euch zurückkommt.
Fühlt euch wohl.

Es ist euer Geburtsrecht,
Liebe zu geben und zu nehmen.
Genießt das Sein in Liebe.

Wie lange?
So lange ihr selbst wollt.
Es gibt keine Vorschriften.

Ihr übt ganz für euch selbst – mit euch selbst.

Ich bin bei euch.

Babaji

Zweifel

Babaji: Warum kommen immer wieder Zweifel auf an dem, was ihr hier lest? Nun, es ist eure eingefahrene Denkweise, die euch immer wieder dazu bringt, in alte Muster zu verfallen. So lange Zeit habt ihr geglaubt, dass ihr einsame, von Gott getrennte Wesen seid. Es ist eine große Aufgabe, euch bewusst zu werden, dass dem nicht so ist. Ihr seid wunderbare, intelligente Wesen. Aber ihr seid nicht dieser irdische Körper. Ihr habt diesen Körper angenommen, um zu lernen hier auf der Erde zu sein, und zu lernen, wer ihr in Wahrheit seid.

Wieso? fragt ihr. Wieso sind wir hierher gekommen und von wo und warum? Viele Fragen. Wo bleiben die Antworten? Euer menschlicher Verstand vermag sie nicht zu finden. Einige eurer Wissenschaftler versuchten bisher, euch eure Herkunft durch die Evolution zu erklären. Glaubt ihr das? Oder hattet ihr schon damals, in der Schule, als Kind Zweifel, ob das wohl so stimmt? Alle habt ihr diese These* der Abstammung vom Affen insgeheim angezweifelt. Also sind Zweifel doch gar nicht so negativ, wie ihr denkt. Zweifel sind euch behilflich aufzudecken, was nicht der Wahrheit entspricht! Doch was ist passiert?

Der Sinn der Zweifel ist verloren gegangen. Eigentlich sind sie dazu da, euch zu helfen, zu erkennen, was nicht gut für euch ist. Zum Beispiel, wenn ihr in der Natur seid und Hunger habt: Einstmals hat euch euer Instinkt geleitet. Ihr wusstet, was essbar ist und was nicht. Im Laufe der Zeit habt ihr eure Intuition (Instinkte) immer mehr verleugnet. Wer von euch ist derzeit noch in der Lage, instinktiv zu wissen, welche Pflanze ihr wann und wofür essen sollt? Darum kamen euch dann die Zweifel zu Hilfe. Sie retteten euch oftmals vor Irrtümern. Eben auch bei so simplen Dingen, wie Nahrungsauswahl in der Natur. Sie halfen euch auch, Beziehungen zu knüpfen. Das heißt, wenn ihr euch nicht hundertprozentig

---

*These (von altgriechisch *thésis* = aufgestellter Satz, Behauptung) bezeichnet eine zu beweisende Behauptung oder einen Leitsatz.

sicher wart, dass dies oder jenes (der oder die) richtig für euch ist, dann wusstet ihr, dass ihr lieber Abstand von eurem Vorhaben nehmt, weil euch sonst nichts Gutes widerfährt. Doch dann habt ihr auch das vergessen. Ihr habt nicht mehr auf eure Intuition gehört, eure angeborenen Instinkte verleugnet und schließlich den (sinnvollen) inneren Zweifeln keine Chance mehr gelassen, euch zu helfen – ihr habt euch buchstäblich entzweit, euch getrennt von eurem wahren Wesen ... (Obwohl das überhaupt nicht möglich ist, sondern nur scheinbar – in eurem Denken stattfand.)

Doch auch jetzt habt ihr Zweifel. Jedoch wendet ihr die so wichtige Hilfestellung, die euch gegeben wurde, gegen euch selbst an: Ihr zweifelt nicht mehr an dem, was euch schadet. Stattdessen zweifelt ihr heutzutage meist an dem, was euch gut tut. So sehr hat sich euer Weltbild über euer wahres Sein gelagert, dass ihr nicht mehr wisst, wer ihr in Wahrheit seid. Und wenn doch ein kleiner Funken der Wahrheit herausspringt, das heißt, wenn ihr wieder fühlt, dass ihr wunderbare, vollkommene Wesen seid – und nicht nur dieser Körper, dann setzt ihr sofort eure Zweifel ein. Warum? Was ist geschehen? Was ist schiefgelaufen?

Ihr habt eurem Verstand die Macht gegeben. Das ist ungefähr so, als würde in einer Familie dem Säugling die Aufgabe übertragen, für alle und alles zu sorgen. Wie aber soll ein Säugling das zustande bringen? Gar nicht, oder sehr schlecht. Er kann weinen und somit die anderen dadurch dazu bringen, für ihn zu sorgen. Aber niemals wird er in der Lage sein, für sich selbst zu sorgen, geschweige denn für die anderen Familienmitglieder. Er wächst heran, ohne etwas von denen zu lernen, die viel mehr Erfahrung, viel mehr Weitblick haben als er selbst. Denn ein Säugling ist noch in seinem Körper gefangen und kann sich nirgendwo selbständig hinbewegen. Er könnte sich nicht einmal ernähren, auch wenn die Nahrung nur wenige Zentimeter außerhalb seiner Reichweite sichtbar wäre ...

Dennoch verlangt ihr die ganze Zeit über, dieser Säugling soll die Führung übernehmen. Aber der Säugling ist absolut überfordert.

So verhält es sich mit eurem wahren Wesen und eurem Verstand: Ihr verlangt von eurem Verstand (dem Säugling), dass er allein euch führen soll. Und er gibt sein Bestes! Er wendet alles an, was er weiß, alles, was er im Laufe des jetzigen Erdenlebens gelernt hat. All seine Erfahrungen, die er gemacht hat, stehen euch zur Verfügung. Er wägt ständig ab, wie und wohin er euch leiten soll. Doch er hat nur die Erfahrungen eines Säuglings. Er ist nicht in der Lage, weiter zu denken, als es ihm möglich ist. Alles muss er erst lernen. Und das tut er durch Logik.

Logik heißt Statistik führen – alles Erlebte speichern, um es in ähnlichen Situationen abzurufen und zu nutzen. Mehr nicht. Euer Verstand ist nicht in der Lage, euch wirklich zu führen, denn ihr habt ihn (erst jetzt, ganz unbeschrieben) in diesem Erdenleben bekommen. Eine leere Diskette, die erst angefüllt werden muss mit Erfahrungen. Dennoch ist er ein wundervolles Werkzeug für euch, aber ihr müsst aufhören, ihn zu überfordern!

Nutzt euren wunderbaren Verstand! Aber überfordert ihn nicht.

Er kann euch sehr dienlich sein in allem, was eure Versorgung des Körpers betrifft. Das ist seine Aufgabe. Dafür zu sorgen, dass ihr euren Körper gesund erhaltet. Doch um wirklich zu leben, um euer volles Potenzial zu nutzen, eure Verbindung mit allem was ist ... dazu ist der Verstand nicht in der Lage, weil er auch nicht für diese Aufgabe erschaffen ist. Er ist eine Zusatzgabe, wenn ihr euch entscheidet, als Mensch zu leben. Woanders braucht ihr ihn nicht.

Bitte achtet euren Verstand. Er ist nützlich und auch erforderlich. Ein Kunstwerk. Seid dankbar, dass ihr ihn habt. Doch hört bitte auf damit, mehr von ihm zu verlangen, als er euch geben kann! Er *muss* anzweifeln, dass ihr ein göttliches unsterbliches Wesen seid, welches im Körper wohnt, weil er es wirklich nicht weiß!

Nutzt euer volles Potenzial. Besinnt euch darauf, dass ihr viel mehr seid, als es zu sein scheint. Alle physischen Sinnesorgane dienen euch, um euch die Erfahrung, Mensch zu sein, zu ermöglichen. Doch nun ist es an der Zeit, herauszufinden, dass euer wahres Wesen in euren Herzen verborgen ist und darauf wartet, von euch wieder entdeckt zu werden.

Euer wahres Wesen ist in der Lage, euch voll und ganz zu führen. Es hat alles Wissen. Allumfassende Intelligenz. Wie? Ganz einfach:

Konzentriert euch auf euer Herz.

Setzt die Übung fort, die ich euch gegeben habe.*
Konzentriert euch immer wieder auf euer Herz.

Diese einfache Übung wird durch ständige Wiederholung sehr wirksam sein. Denn ihr werdet immer mehr spüren, dass in eurem Herzen 'etwas' Lebendiges ist. Etwas Unvergängliches, Freudiges und Liebendes: *Ihr selbst!*

Es ist nicht möglich,
Zweifel des Verstandes auszuräumen,
ohne die entsprechenden Erfahrungen zu machen.

Euer Verstand braucht Bestätigung, dass *wahr* ist, *was ihr fühlt.* Zeigt es ihm – jeden Tag – immer öfters. Irgendwann wird er seine Daten ändern. Dann steht er euch nicht länger im Weg, sondern begreift von ganz allein, wie wunderbar es ist, dem Herzen die Führung zu überlassen, weil es verbunden ist mit der unendlichen Intelligenz. Euer Verstand wünscht sich insgeheim, alles Wissen zu besitzen. Und das Herz – euer Selbst – hat den Zugang dazu.

*Herzmeditation auf Seite 72

Hört auf, euren Kopf (Verstand) herabzuwürdigen.
Hört aber auch auf, ihn zu überfordern!

Verbindet euer wahres Wesen
mit der menschlichen Erscheinungsform.
Dann könnt ihr optimal handeln.

Nehmt an.
Hört auf, irgendetwas an und in euch abzulehnen.

...

Dann werden die Zweifel von selbst aufhören.
Von innen heraus.
Ohne Kampf.
In Frieden.

Ich bin in euren Herzen.

Babaji

Berechnung

Babaji: Was ist Berechnung? Ein Versuch, mit vorhandenen Daten ein Ergebnis zu errechnen. Doch woher stammen diese Daten? Stammen sie von alten Erfahrungen oder entstammen sie dem Jetzt?

Bisher hattet ihr nur die Möglichkeit, all eure eigenen Erfahrungen zu nutzen, um ein Ergebnis berechnen zu wollen. Doch jetzt habt ihr die Möglichkeit, euer Herz zu befragen, was das Weiseste und Höchste für euch ist. Euer Herz hat alle Daten des Universums zu seiner Verfügung. Es weiß von Vergangenheit, Gegenwart und Zukunft. Es weiß all eure momentanen Möglichkeiten zu vereinen und gezielt einzusetzen – so, dass euer Leben leicht fließen kann. Ohne diese ständige Rechnerei. Ihr verbringt einen Großteil eurer Zeit damit, irgendetwas vorausplanen zu wollen. Warum seid ihr nicht einfach in der Gegenwart und handelt immer wieder neu? Weil ihr nicht wisst, wie ihr das tun könnt? Von Kindheit an hat man euch erzählt, dass ihr alles, was ihr tut, für eure sogenannte Zukunft tut. Dadurch habt ihr vollkommen verlernt, gegenwärtig zu sein.

Denn nur, wenn du vollkommen gegenwärtig bist,
kannst du wirklich effektiv handeln
und bist in der Lage,
alle vorhandenen Möglichkeiten
zu nutzen.

Dadurch, dass eure Gedanken meist in ‘Vergangenheit’ oder ‘Zukunft’ herumschwirren, vergesst ihr, wahrhaft zu leben! Durch Berechnung seid ihr in: Vergangenheit + Vergangenheit = Zukunft. Aber ihr vergesst die Gegenwart. Das ist der Grund, weshalb ihr so oft ‘tot’ wirkt. Schaut eure Gesichter an. Wo ist das Lachen? Wo ist denn die Freude an dem, was ist? Lachen und Freude können nur dann entstehen, wenn ihr euch auf die Gegenwart einlasst. Wenn ihr wieder spürt, dass ihr lebt. Und das ist euch unmöglich, wenn eure Gedanken bei vergangenen oder zukünftigen Ereignissen gefesselt sind. Einfache – ihr nennt sie 'arme' – Menschen haben sich ihre Freude bewahrt. Ihr wundert euch, wieso sie so lachen oder glücklich aussehen. Sie befinden sich in der Gegenwart. Im Jetzt. Sie spüren und fühlen. Sie sind nicht damit beschäftigt (in Gedanken), sich Sorgen um ihren Besitz (den materiellen) zu machen.

Sie sind. Ihr tut.
Wo ist der Unterschied?

Geht an einen Ort in der Natur,
den ihr *besonders gerne* mögt.
Und dann lasst euch ein auf alles, was dort ist.
Konzentriert euch auf jedes Geräusch, jede Bewegung.

Die meisten von euch werden staunen, wie anders sich dieser Ort anfühlt. Ganz anders als bisher. Wenn ihr einen Ort nur mit euren Augen wahrnehmt, aber euren Geist ganz woanders hin lenkt, dann zerstreut ihr eure Kraft. Ihr seid nicht mehr in der Lage, glücklich zu sein, weil ihr vollgestopft seid mit Zukunftsängsten (das ist sehr häufig) oder Frustration wegen eurer Vergangenheit.

Und wisst ihr was: Wann wollt ihr endlich bemerken, dass ihr weder in der Vergangenheit noch in der Zukunft lebt?

Jetzt seid ihr – hier.
Genau da, wo ihr euch befindet.

Lasst euch ein auf die Gegenwart.
Sie schenkt euch Lebensfreude.

Wie ihr das tun könnt? Tun? Es gibt nichts zu tun! Erst müsst ihr begreifen, dass ihr *seid*. Sammelt eure abschweifenden Gedanken immer wieder und richtet euch aus auf die Gegenwart. Das, was ihr gerade erledigt, geht dann viel leichter und effektiver voran. Es ist nicht mehr dieser "Kampf mit dem *Da*sein"! So nennt ihr ihn – und seid überhaupt nicht *da*. (Fast schon wieder witzig.)

Achtet immer und immer wieder darauf,
wo sich eure Gedanken befinden.

Ich sage nicht, dass ihr nicht an eure Zukunft denken dürft, aber ihr tut nichts anderes mehr als das.

Ihr seid! Sein und Tun!
(nicht: Tun und Sein.)

Manche von euch fragen sich, ob sie überhaupt gelebt haben. Eine gute Frage. Es gibt große Unterschiede in euren Empfindungen. Was empfindet ihr, wenn ihr einen Sonnenuntergang betrachtet? Oder einen Regenbogen? Was empfindet ihr beim Anblick eines Regenbogens? Nehmt ihr euch die Zeit, ihn zu bewundern, euch auf ihn einzulassen? Er hat euch viel zu geben. Aber empfangt ihr auch? Worauf ist euer Empfänger (Geist) eingestellt, während ihr zum Himmel schaut?

Haltet inne.
Genießt die kostbaren Momente.
Sie sind es, die euch Kraft geben – euch leben lassen.

Beachtet die Schönheit der Erde. Lasst euch darauf ein! Ich sage nicht, dass ihr den ganzen Tag verträumen und Nichtstun sollt, aber bitte unterbrecht euer ständiges Tun (Gehetze), um zu sein. Schon ein paar Minuten täglich helfen euch, ein fröhlicheres, glücklicheres Leben zu führen. Seid dankbar für das, was ist. Rennt nicht Dingen nach, die noch gar nicht existent sind.

Ihr lebt *immer* in der Gegenwart.

Versucht doch einmal, jemanden in der Vergangenheit zu umarmen oder in der Zukunft. Das funktioniert so nicht. Ihr könnt es nur jetzt tun! Aber vor lauter abschweifenden Gedanken vergesst ihr das. Es ist so einfach. Jedoch erfordert es große Anstrengung von euch, umzudenken. Also: Es gibt nichts zu berechnen, weil ihr immer nur Vergangenheit + Vergangenheit = Zukunft einrechnet. Ihr vergesst die Gegenwart. Die Kraft der Gegenwart ist es, die ihr nicht einkalkuliert! Vielleicht gibt euch Gott gerade einen Hinweis: Vielleicht sagt jemand etwas Wichtiges, oder im Radio hört ihr es, oder ein Schild gibt den Hinweis oder, oder, oder ...

Doch ihr nehmt es nicht wahr, sondern versucht immer wieder zu berechnen. Macht euch das Leben nicht mehr so schwer! Das Leben ist Freude! Holt sie euch in euer Leben, die Freude. Und das funktioniert nur, wenn ihr gegenwärtig seid. Sie ist immer da! Doch ihr habt verlernt, sie wahrzunehmen. Stattdessen zermartert ihr ständig euer Hirn. Leichtigkeit und Freude berechnet ihr euch für eure Zukunft.

Doch aus Zukunft wird nur ein Augenblick
– *jetzt* –
und dann ist er schon wieder Vergangenheit.

Und es gilt, immer und immer wieder
diesen Augenblick einzufangen.

(Das vergesst ihr immer wieder.)

Der Augenblick ist euer wahres Leben.
Immer wieder angefüllt mit etwas Neuem: Im Jetzt.

Was ich sagen will ist: Lernt endlich wieder zu leben! Nehmt euch ein Beispiel an den Kindern. Sie zeigen euch, wie man ganz einfach im Augenblick lebt. Spielt mit ihnen. Im Jetzt. Sie spielen immer im Jetzt. Deshalb entdecken sie auch ständig etwas Neues! Etwas, was ihr gar nicht wahrnehmt, weil ihr gar nicht da seid, obwohl euer Körper sich hier befindet.

Lernt zu leben!
Lernt hier und jetzt zu leben!
Seid gegenwärtig.
Holt immer wieder eure Gedanken zurück ins Jetzt.

Denkt an jetzt – natürlich auch noch an eure Pflichten –, doch denkt nicht ständig darüber nach, was vor x Jahren war oder in x Jahren sein könnte. Dadurch verbaut ihr euch euer Leben.

Lebt den Augenblick!

Nehmt wahr, was alles Interessantes um euch herum geschieht. Das Singen der Vögel, das Rauschen des Windes ... Spürt ihr es? Es liegt ganz an euch, ob ihr leben – lebendig sein – wollt oder nicht.

Lebendig sein funktioniert nur,
wenn ihr gegenwärtig seid!
Aufnahmebereit.

Das ist es, das Geheimnis,
was die fröhlichen Menschen
nicht vergessen haben.

Meditation

Babaji: Medi – die Mitte. Eine Methode, um die eigene Mitte zu finden. Aber was ist die eigene Mitte? Wo ist die eigene Mitte? Inside you. Your soul.*

Es ist eine Methode,
Zugang zur eigenen Seele zu finden.

Bisher hattet ihr euch abgeschnitten von eurem wahren Sein. Durch Meditation habt ihr die Möglichkeit, euch selbst wieder zu begegnen. Es gibt in der heutigen Zeit sehr viele Methoden. Die wenigsten davon sind wirklich wirksam. Ein Jeder muss selbst herausfinden, welches seine geeignete Methode ist. Leider ist es weit verbreitet, von einer Methode zur nächsten zu rennen oder sie sogar zu vermischen. Warum? Weil es vielen von euch nicht ‘schnell genug’ geht. Der spirituelle Weg ist kein ’Instant Food’!

Es erfordert Geduld und Vertrauen in Gott. Dann begegnet euch ein selbstverwirklichter Meister, um euch die für euch geeignete Methode zu lehren. Ihr könnt den Meister nicht finden, er findet euch, sobald ihr genug Geduld und Vertrauen aufgebracht habt. Ihr fragt: Aber ich möchte gleich mit Meditation beginnen – wie tut man das? Wie meditiert man? Für den Beginn ist die Methode, sich auf sein Herz zu konzentrieren, geeignet. Wenn ihr jedoch kontinuierlich dabei bleibt, das heißt *jeden* Tag praktiziert, dann wird euch eine geeignetere, das heißt wirksamere Methode von ‘ganz allein’ zugesandt. Das heißt, ihr werdet so geleitet, dass ihr den Weg zu eurem persönlichen Meister findet.

Geduld Hingabe Vertrauen

Das sind elementare Eigenschaften, die zu entwickeln euch sehr schwer fällt. Bei Geduld fragt ihr ständig: Wann? Wie lange denn noch? Hingabe ist euch mittlerweile völlig fremd geworden. Sich hingeben – voll und ganz. Wie?

---

*In deinem Inneren. Deine Seele.

Und Vertrauen? Vertrauen in Gott? Viele von euch haben sehr große Probleme mit diesen drei grundlegenden Voraussetzungen. Aber ohne Geduld, Hingabe und Vertrauen ist kein Fortschritt in der Meditation möglich.

Es gibt so viele Methoden. Einige davon sind sogenannte 'geführte Meditationen' – das heißt, ihr begebt euch auf eine Reise, die von einem Sprecher vorgeschrieben wird. Das ist nicht eure ureigene Reise. Eine andere ist, in Licht zu schauen. Auch hier wieder eine Methode, die euch ins Außen führt. Weder der Sprecher noch die Kerze befinden sich in eurer eigenen Mitte. Es gilt also, eine Methode zu finden, die euch von Anfang an auf euch selbst – *in euch selbst* – konzentriert.

Euer Herz befindet sich *in euch*. Nicht außerhalb von euch. Auch deshalb ist diese Methode geeigneter. Natürlich ist das nicht die ausgereifte, vollendete Methode, Erleuchtung zu erlangen. Aber ein Weg dorthin. Nämlich, euch (weg von den äußeren Reizen) in euer Inneres zu führen. Es ist am wirksamsten, in vollkommener Stille (auch deshalb in den frühen Morgenstunden) zu meditieren. Alle äußeren Reize (auch Musik) lenken euch ab und zerstreuen eure Gedanken. Vielleicht klingt es befremdlich für euch. Absolute Stille (und nach innen schauen ... und zu fühlen ...) ist den meisten von euch fremd oder wirkt sogar bedrohlich. Ihr nennt es dann sogar 'einsam sein'!

Wer weiß etwas mit sich selbst anzufangen, wenn alles Äußere wegfällt? Wenn keine Aktivitäten mehr da sind, die euch von euch selbst ablenken? Wenige. Ein schwieriger, steiniger Weg. Wollt ihr ihn gehen? Erst, wenn ihr am Ende angekommen seid, werdet ihr die 'Belohnung' für eure Mühen erhalten. Vorher habt ihr keine Vorstellung davon, wie das 'Ende eures Weges' aussieht! Es gibt keine Pläne, keine Zeiteinteilung für Klassenstufen oder ähnliches. Es ist einzig und allein abhängig, wie schnell ihr euch entwickelt, von eurer eigenen Geduld, Hingabe und eurem Vertrauen in Gott.

Gebt euch hin und euch wird gegeben.
Habt Geduld und ihr seid Geduld.
Vertraut und ihr werdet eine Antwort erhalten.

Euer Meister (Guru*) wartet so lange, euch zu treffen, bis ihr innerlich dazu bereit seid. Bis ihr wirklich bereit seid, Mühen auf euch zu nehmen, von denen ihr nicht wisst, wohin sie euch führen. Seid ihr bereit? Lest noch einmal durch, was über Bereitschaft gesagt wurde.**

Seid ihr wirklich bereit,
dann wird sich euer Weg vor euch auftun.

Ihr werdet einfach wissen, welche Meditationsform ihr wählt, und ihr werdet dabei bleiben. Voll und ganz. Das mühsame Suchen unter so vielen Möglichkeiten wird beendet sein.

Zeigt, dass ihr bereit seid, euren Weg zu gehen! Zeigt es in Geduld, mit Vertrauen und Hingabe. Ihr rennt von einem Seminar zum anderen. Immer auf der Jagd nach sofortigen Resultaten. Manche bringen euch ein Stück voran, andere führen euch auf Umwege. Manche auch sogar von eurem Weg weg. Achtet auf alles in eurem Leben. Und verzettelt euch nicht mehr.

Ein paar Minuten Innenschau
– jeden Tag –
sind euch sehr behilflich,
euren eigenen Weg zu finden.

Und es ist euch wirklich nur von innen heraus möglich!
Immer von *innen* heraus.
(von innen her aus-gehend)

Findet euren Weg. Und dann geht! Unbeirrt.

---

*Guru: Spiritueller Lehrer, Meister, ein Verwirklichter
'gu' bedeutet Dunkelheit oder Unwissenheit
'ru' steht für die Entfernung und Vernichtung derselben

** Dieses Kapitel beginnt auf Seite 23

Es werden euch anfangs viele Zweifel oder zweifelnde Menschen begegnen, die euch woanders entlang führen möchten. Doch ihr habt inzwischen eine wirksame Methode, um zu erkennen, ob ihr euch auf dem – für euch – richtigen Weg befindet.

Achtet auf eure Gefühle!

Wenn es sich für euch selbst
absolut vertrauensvoll anfühlt,
ihr es gerne tut (ohne Einwände)
und glücklich damit seid,
dann ist es euer Weg.

Egal, was jeder andere denkt, – denn das ist nicht wichtig. Geht euren eigenen Weg. Und indem ihr wieder lernt, euch mit eurem eigenen Herzen zu verbinden, werdet ihr euren Weg finden. Denn euer Herz kennt euren Weg. Je mehr und öffter ihr diese Verbindung zu eurer eigenen Mitte wiederherstellt, desto klarer und deutlicher wird sich die Richtung abzeichnen, in die ihr gehen solltet.

Jeder findet seinen Weg, der es wirklich will.

Halbherzigkeit bringt euch nicht weiter.
Sie zerstreut euch.

Darum:
Verbindet euch wieder
mit eurer eigenen Mitte,
mit euch selbst.

Om Namah Shivaya

Vertrauen

Babaji: Ein wunderbares Wort: Vertrauen.

Wie lange schon habt ihr nicht mehr vertraut? Dabei seid ihr alle mit diesem Urvertrauen hierher auf die Erde gekommen. Ihr habt darauf vertraut, dass da jemand ist, der immer für euch sorgt. Eure Mutter, euer Vater haben euch 'großgezogen'. Sie gaben euch alles, was ihr gebraucht habt, um zu wachsen. Jeder hat Mutter und Vater. Sonst wäre es nicht möglich gewesen, geboren zu sein. Manchmal übernehmen auch andere Menschen die Aufgabe der Erziehung.

Aber jeder hat Mutter und Vater.
Das ist nicht abzustreiten.
Seid dankbar, dass sie euch
die Möglichkeit gegeben haben, hier zu sein.

Was auch immer ihr glaubt, was eure Eltern alles falsch gemacht haben ... Sie haben nichts falsch gemacht! Sie haben genau das getan, was vorgesehen war. Vieles davon könnt ihr vielleicht nicht verstehen – noch nicht, aber es gehört zum göttlichen Spiel, euch auch in schwierigen Situationen zu begleiten. Damit ihr wachsen könnt. Und jeder bekommt die Bedingungen zum Wachsen, die er in all seinen vorangegangenen Inkarnationen selbst erzeugt hat. Niemand anderes als jeder selbst sorgt für die Bedingungen, in die er hineingeboren wird. Es gibt viele Theorien darüber.

In eurer modernen Psychologie wird vieles auf eine missratene Kindheit geschoben. Doch das ist nichts anderes als Abgabe der Verantwortung – der Verantwortung darüber, dass jeder selbst sein eigenes Leben vorprogrammiert hat, das heißt, für all die Bedingungen gesorgt hat, in denen er sich befindet, durch die Gedanken und Taten in der 'Vergangenheit'.

Jetzt seid ihr also hier, lest dieses Buch und habt den Wunsch zu wachsen. Bis hierher hat euch euer Leben geführt. Was also ist so schlecht an euren so genannten schlechten Erfahrungen? Sie haben euch mehr als einmal aufgerüttelt, euch ganz auf euch selbst zu besinnen.

Betrachtet euer Leben mit anderen Augen!

Mit Augen der Dankbarkeit für alles, was war,
sonst hätte nicht sein können, was ist.
Auch nicht, dass ihr jetzt den Wunsch habt,
diesen spirituellen Weg zu gehen!

Es ist wichtig, euch daran zu erinnern, dass niemand euch in irgendwelche Situationen bringt, außer ihr selbst! Ist es ein Geschenk? Ja. Alles könnt ihr selbst erschaffen. Alles Potenzial eines Schöpfers ist in euch verborgen. Vertraut darauf, dass dem so ist! Vertraut darauf, dass Gott euch genauso erschaffen hat – mit dem gesamten Schöpferpotenzial. Und deshalb ist es auch so wunderbar, dass jetzt immer mehr von euch damit beginnen, ihre Schöpferkräfte bewusst zu benutzen, um die Liebe wieder in dieser Welt zu verankern.

Habt Vertrauen.
Vertrauen in euch selbst und Vertrauen in Gott.

Alle Wege führen zu ihm. Manche erscheinen steiniger als andere. Die Wege, die jetzt so leicht aussehen, waren in den Leben davor steiniger. Ihr entwickelt euch ständig. Jetzt – in dieser Zeit – ist es besonders leicht für euch, schneller große Fortschritte in eurer Entwicklung zu machen. Deshalb hört bitte damit auf, in eurer Vergangenheit Fehler zu suchen, um irgendetwas, was euch nicht gefällt, entschuldigen zu wollen. So funktioniert es nicht. Ihr habt jetzt die Möglichkeit, euer Leben genau in die Richtung zu lenken, in die ihr es lenken wollt. Vertraut auf eure Schöpferkraft. Ihr habt sehr mächtige Werkzeuge bekommen. Es wird Zeit, sie auch zu nutzen! Alles beginnt im Vertrauen. Im Vertrauen darauf, dass ihr wunderbare Wesen seid. Dass Liebe eure wahre Struktur ist. Dass ihr aus dieser Liebe heraus fähig seid, alles zu vollbringen. Alles.

Hört auf, euch klein zu machen.

Vertraut auf eure eigene Kraft.
Die Kraft Gottes ist in einem Jeden von Euch.
In einem Jeden!

Niemand hat mehr Liebe in sich als ein Anderer!
Niemand hat mehr Schöpferkraft in sich als ein Anderer!

Die scheinbaren Unterschiede bestehen darin, wie sehr ihr euch selbst vertraut und Gott vertraut, dass dem so ist. Vertraut auf eure Herrlichkeit. Und zeigt sie der Welt. Ihr seid es, die ihr diese Erde wieder liebevoll behüten könnt. Ihr seid es! Vertraut auf die zarte Stimme in euch, die erschaffen will, was ihr euch wirklich wünscht. Ich rede von den tiefen Wünschen eurer Seele. Eure Seele will immer in Liebe erschaffen. Immer. Dort führt euer Weg hin. Eine friedvolle, liebevolle Welt zu kreieren.

Und jeder von euch ist gefragt, seine Schöpferkraft ohne Angst und in Vertrauen zu nutzen, um eine wundervolle Welt zu erschaffen. Befreit euch endlich von euren Einschränkungen und Ängsten eurer Vergangenheit. Es ist nicht wichtig, was war. Es ist immer nur wichtig, was ist! Erinnert ihr euch? Ihr könnt nur im Jetzt handeln.

Also was hindert euch daran, jetzt sofort damit zu beginnen, eine wundervolle Welt zu schöpfen? Es ist euer mangelndes Vertrauen in eure eigene Kraft, die euch Gott gegeben hat. Ihr habt diese Kraft – jeder von euch. Doch von eurem inneren Vertrauen ist es abhängig, wie viel Kraft ihr manifestieren könnt.

Freut euch! Ihr seid wunderbare Schöpferwesen. Das ist das Besondere, was den Menschen ausmacht. Ihr seid vollkommen in der Lage, euer eigenes Leben zu schöpfen. Alles.

Und fangt jetzt wirklich an, diese euch gegebene Kraft zu nutzen! In Liebe. Immer in Liebe. Denn auch alles, was ihr nicht in Liebe schöpft, kommt vielfach zu euch zurück – ebenso, wie vielfach zu euch zurückkommt, was ihr in Liebe erschafft. Wählt selbst.

Wollt ihr ein Leben in Liebe,
dann erschafft eine Welt der Liebe!
Ein einfaches, wirksames Gesetz.

Vertraut.
Vertraut in eure eigene Kraft.
Es ist die Kraft Gottes, die in Jedem von euch ist.
In Jedem – ausnahmslos.

Vertraut.
Traut euch!

Gastfreundschaft

Babaji: Solch ein Thema wie ‘Gastfreundschaft’ scheint im ersten Augenblick nicht zu den Themen dieses Buches zu passen. Aber dennoch ist es ein wichtiges Thema, bei dem ihr viel über euch selbst lernen könnt. Jeder Mensch ist einzigartig. Dennoch sind wir gleichzeitig alle eins. Was also hat Gastfreundschaft mit dem spirituellen Wachstum zu tun? Ganz einfach:

Achtet in jedem Menschen, dem ihr begegnet,
seine (verborgen zu sein scheinende) Göttlichkeit.

Behandelt jeden so,
wie ihr selbst behandelt werden wollt.

Wenn ihr einen Gast habt, dann gebt ihm das Allerbeste von euch. Eure Aufmerksamkeit. Eure Liebe. Auch solche materiellen Dinge wie ein schönes Bett zum Schlafen und einen angenehmen Platz zum Ausruhen. Von der Nahrung, die ihr zubereitet, gebt ihm zuerst. Achtet diesen Gast. Ganz besonders, wenn er nicht aus eurem Kulturkreis stammt. Denn euch werden Gäste ins Haus geschickt von Gott. So, dass ihr erkennen könnt, wie es wirklich mit eurer Toleranz und Liebe anderen gegenüber steht.

Sehr wahrscheinlich hat der Gast andere Gewohnheiten als ihr mitgebracht. Nehmt es als interessante Herausforderung an, euch die scheinbar anderen Gewohnheiten und Eigenschaften *bewusst* anzuschauen.

Es gibt bei euch ein Sprichwort, das heißt: “Besuch stinkt nach drei Tagen”. Wisst ihr warum? Weil drei Tage bei fast jedem Menschen die äußerste Grenze sind, sich ständig zu verstellen und so nicht vorhandene Eigenschaften vorzutäuschen. Niemand kann mehr Freundlichkeit vortäuschen, wenn er sie nicht hat. Niemand kann mehr Beherrschung zeigen, wenn er sie nicht in seinem Inneren hat. Niemand kann sich über drei Tage lang etwas anhören, was nicht seinem eigenen Weltbild entspricht, ohne dabei mürrisch zu werden.

Ein Gast lehrt euch vieles über euch selbst. Und wahrscheinlich behandelt ihr auch nicht all eure Gäste gleich. Ihr habt Vorlieben. Bei manchen ist die Freude groß (vorerst), wenn ihr sie seht. Bei anderen freut ihr euch (vorerst) nicht. Und es ist sogar möglich, dass sich diese Gefühle beim näheren Kennenlernen umkehren. Ihr sagt: „In dem ... (Menschen) hatte ich mich getäuscht." Oder: „Jemand hat mich enttäuscht."

Ihr wisst bereits, was Enttäuschung bedeutet. Nämlich das Ende der Täuschung. Gäste sind wichtig, vor allem, wenn sie länger als einen Tag bei euch sind. Fühlen sie sich wohl? Fühlt ihr euch wohl? Wie geht ihr miteinander um? So vieles könnt ihr erkennen. Meist räumt ihr eure Wohnungen und Häuser vorher gründlich auf, bevor Besuch kommt. Bei unerwarteten Gästen könnt ihr das nicht vorher tun. Also wäre es doch besser, gleich alles aufgeräumt zu haben!

Disziplin – im Innen wie im Außen – führt dazu, dass unerwartete Gäste ebenso oder sogar noch mehr willkommen sind, weil die Spontanität des Augenblickes gelebt werden kann und eure eigene Flexibilität unter Beweis gestellt wird, indem ihr eben nicht eurem geplanten (alltäglichen) Tagesablauf folgen könnt, sondern alles integrieren lernt. Integration – das ist ein Wort, welches eure Politiker ständig benutzen. Warum nur davon reden? Praxis ist angesagt. Ladet euch wieder Gäste ein. Ihr werdet staunen, wie sehr eure Mühen belohnt werden.

Heutzutage trefft ihr euch an neutralen Orten. Ich nenne sie 'unpersönliche Orte'. Wohl auch, weil viele von euch glauben, dass ihre Lebensart nicht zu vereinbaren ist mit dem, was der gesellschaftliche Druck vorschreibt. Lasst euch nicht länger täuschen. Geht nach innen. Und geht ebenfalls im Äußeren mehr zu euch selbst hin. In euer Zuhause auf der Erde. Teilt eure Gemütlichkeit mit anderen. Ladet euch jemanden ein, von dem ihr wisst, dass er sich einsam fühlt. Vielleicht ist es eine scheinbare Belastung, weil er nicht so fröhlich ist. Aber wenn ihr dann merkt, dass er auflebt, dann werdet ihr euch daran erfreuen können. Überwindet eure (europäische) Angst vor Besuchern. 'Der Gast ist König'. Kennt ihr diesen Spruch noch von euren Eltern oder Großeltern? Wendet diesen Satz wieder an, in Liebe. Und je mehr ihr gebt, in Liebe, je mehr werdet ihr empfangen. Es ist Zeit, eure Isolation aufzugeben.

Die meisten von euch hassen ihr Single-Dasein. Dieses Gefängnis-Dasein ist es nun an der Zeit zu beenden. Bildet Gemeinschaften. Wohnt und lebt zusammen. Trefft euch, aber nicht wie bisher, um meist sinnlose Alkoholorgien abzulassen.

Trefft euch und begegnet euch in euren Herzen.
Es braucht nicht vieler Worte.
Aber es braucht Toleranz und Liebe.
So lernt ihr spielerisch, weniger zu bewerten.

Denn auf diese Weise, wenn ihr längere Zeit mit einem Gast verbringt, offenbaren sich oftmals eure wahren Eigenschaften.

Ihr lernt, nicht mehr so viele Vorurteile anderen Menschen oder Kulturkreisen gegenüber zu haben. Freut euch auf euer Leben. Ihr könnt es sehr interessant gestalten, wenn ihr es wollt. Ich spreche nicht von banalen Feierlichkeiten, sondern von sehr persönlichen Begegnungen. Denkt darüber nach. Lernt euch wieder kennen. Und manch einer sagt so dahin: „Oh – das ist ja *auch nur* ein Mensch". Das bedeutet, dass ihr so durch Praxis immer mehr zu der Erkenntnis kommt, dass alle Menschen eins sind. Individuell und trotzdem gleich. Aus derselben Liebe erschaffen, wie ihr selbst.

Begegnet euch in Liebe.

Es ist an der Zeit,
die Arme und Herzen wieder zu öffnen,
um die Liebe bis in die kleinsten Winkel
strömen zu lassen.

Habt ihr schon einmal über diese Wörter nachgedacht?

Gast-stätte – Bedie*n*ung:

Eine *Stätte,* wo einem *Gast gedient* wird ... — *für Geld.*

Schafft wieder eine Stätte für Gäste in eurem eigenen Haus — eurer eigenen Wohnung! Dort, wo ihr lebt.

Ihr selbst könnt dem *Gast dienen* ... — *in Liebe.*

Das Leben ist Freude.
Erobert sie euch zurück!

Gelassenheit

Babaji: Ge-lassen-heit. Alles so lassen, wie es ist. Worin liegt der Unterschied zwischen Gelassenheit und Alles-egal-Sein? Bei Gelassenheit seht ihr euch an, was geschieht, und habt die Kraft, einer höheren Macht – Gott – zu vertrauen, dass alles, was geschieht, richtig ist. Ihr vertraut darauf, dass auch Dinge, die im ersten Moment unschön und unbequem erscheinen, einen tieferen Sinn haben.

Gelassenheit bedeutet: Lebt euer Leben tiefer!

Lasst euch ein auf das Leben, auf alle Facetten, aber lasst euch nicht gehen, das heißt, zerstreut euch nicht, beziehungsweise macht euch keine Sorgen um Dinge oder Situationen, die ihr nicht überblicken könnt. Manchmal klärt sich eine Situation schon fast sofort für euch. Manchmal bedarf es eurer Gelassenheit, einfach zuzulassen, dass geschieht, was geschieht.

Verwechselt aber Gelassenheit nicht mit Gleichgültigkeit! Da besteht ein großer Unterschied:

Gelassenheit: Alles so lassen, wie es geschieht, ohne Bewertung.

Gleichgültigkeit: Interessenlos alles hinnehmen, ohne zu handeln, weil doch alles egal ist.

Vielleicht sollte ich hier ein Beispiel benutzen, um euch den Unterschied besser zu verdeutlichen? Stellt euch vor, es regnet in Strömen. Ihr wollt aber gerade in dem Moment (zu Fuß) an einen anderen Ort gehen. Jetzt habt ihr mehrere Möglichkeiten: Entweder ihr reagiert gelassen, indem ihr einen Moment wartet, bis der stärkste Regenguss vorüber ist, oder ihr nehmt Regenschirm oder Regenmantel und geht, ohne nass zu werden, zu dem Ort, zu dem ihr gehen wolltet, durch den Regen – die frische Regenluft genießend. Das ist Gelassenheit. Wenn ihr stattdessen aber gleichgültig reagiert, dann würdet ihr einfach weiterlaufen, dabei klitschnass werden und euch auch noch wundern, weshalb es euch jetzt passiert ist, total durchnässt und frierend an dem Ort, zu dem ihr wolltet, anzukommen — nur um jetzt umkehren zu müssen, um trockene Sachen anzuziehen.

Es bedarf eurer Wachsamkeit.
Verwechselt niemals Gelassenheit mit Gleichgültigkeit!
Wie ist es in euer tägliches Leben einzuordnen?

Gleichgültigkeit macht euch stumpf.
Gelassenheit wird euch ein fröhlicheres Leben bescheren.
Ihr seht das Spiel darin, nehmt alles nicht mehr so ernst, und das bedeutet, dass ihr viel liebevollere und glücklichere Menschen werdet.

Der, der euch erschaffen hat, sorgt auch für euch.
Insofern ihr ihn für euch sorgen lasst!

Merkt euch diesen Satz gut. Und wendet ihn im täglichen Leben an. Wir reden hier nicht von schönen, abstrakten, theoretischen Formulierungen, sondern ganz konkret von Dingen, die ihr alle in euer eigenes Leben integrieren könnt.

In Liebe. In Dankbarkeit. Achtsam. Wachsam.

Wachsamkeit ist immer angesagt. Wachsamkeit im Denken und dem Wahrnehmen dessen, was um euch herum geschieht. Und ihr werdet so viel mehr wahrnehmen können, wenn ihr es wagt, die Gelassenheit in euer Leben einzuladen. Ich sehe euch dann viel öffter heimlich (beziehungsweise fast unbemerkt) schmunzeln über euch selbst. Nämlich dann, wenn ihr bemerkt, wie wundervoll es ist, Situationen, in denen ihr vorher meist ausgerastet seid, jetzt gelassen hinzunehmen, um zu sehen, was daraus entsteht — und die Geduld aufzubringen, diesen Situationen eine Chance zu geben, euch etwas zu lehren ... Wobei ihr zuvor nicht einmal bemerkt hättet, dass Situationen, in denen ihr ausrastet, dazu da sind, euch etwas zu zeigen: Etwas, das ihr noch zu bearbeiten habt, beziehungsweise endlich auflösen könnt.

Doch hierzu müsst ihr euch erst *gelassen* den Situationen gegenüber verhalten. Nur dann rastet ihr nicht mehr aus. 'Ausrasten' ist gleichzusetzen mit 'aus der eigenen Mitte geworfen werden'.

Durch Gelassenheit haut euch nichts mehr so schnell um! Ihr bleibt viel besser und leichter in eurer Mitte. In euren Herzen. In Liebe und mit innerem Frieden.

Wenn ihr das nächste Mal in eine Situation geratet,
von der ihr wisst, dass sie euch sehr leicht zum Ausrasten
bringt, dann stellt euch gedanklich neben euch.

Schaut euch selbst zu
und sucht nach dem wahren Grund für euer eigenes Ausrasten.

Womöglich gibt es dann schon gar keinen Grund mehr,
weil ihr euch nicht mehr
auf diese unangenehme Situation einlasst,
sondern sie stattdessen gelassen nehmt.

Gelassenheit in euer Leben zu integrieren ist sehr wichtig für euch. Für euch alle. Auch für die, die schon glauben, gelassen zu sein, gilt es *immer* und *immer* wieder zu überprüfen, ob es *immer* noch Situationen gibt, in denen ihr programmierungsgemäß ausrastet. Gelassenheit hilft euch auch dabei, euch selbst nicht mehr so sehr wichtig zu nehmen. Sich nicht mehr wichtiger zu nehmen als irgendwen anderen oder irgendetwas anderes. Ihr durchschaut dadurch auf spielerische, gelassene Weise, dass so vieles zum Leben dazugehört. So vieles, was ihr bisher abgelehnt habt oder nicht wahrhaben wolltet, könnt ihr mühelos integrieren – und somit loslassen, gehen lassen. Und schwups — schon ist das scheinbare 'Ausrastproblem' nicht mehr da. Es muss sich auch nicht mehr ständig wiederholen, wenn ihr es gelöst habt. Löst es! Und augenblicklich seid ihr nicht mehr in Resonanz mit derartigen unangenehmen, immer wiederkehrenden Situationen.

Bei jedem von euch gibt es etwas, was euch immer wieder zum Ausrasten bringt. Ihr nennt es auch Schlüsselmomente. Auch hier hilft euch wieder 'gelassenes Hinschauen' dabei, den sogenannten Schlüsselmoment ausfindig zu machen, um ihn dann liebevoll und vielleicht sogar mit einem inneren Lächeln zu enttarnen, das heißt aufzulösen. Für immer. Sicherlich kommen wieder neue, andere Situationen auf euch zu. Aber was hindert euch daran, auch diese mit Gelassenheit anzugehen?

Übt euch darin, gelassener zu sein!
Stellt euch einfach gedanklich ein Stück neben euch,
(manchmal muss die Entfernung sehr groß sein),
damit ihr eine andere Sichtweise erlangt.

Und schon ist die eben noch so schreckliche Situation eine andere. Lehrt es euch selbst! Ihr werdet die Gelassenheit lieben. Sie gibt euch viel Kraft für das, was wirklich wichtig ist für euch. Sie bringt euch weg davon, euch immer und immer wieder mit den gleichen festgefahrenen Situationen zu identifizieren.

Gelassenheit bringt euch Lebensfreude.

Gelassenheit ist eine wichtige Voraussetzung,
um die Nuancen des Lebens wahrzunehmen.

Aber beachtet immer den Unterschied zwischen Gelassenheit und Gleichgültigkeit! Babaji lächelt schelmisch: Sonst werdet ihr nass und wisst nicht einmal warum ...

Ihr werdet, wenn ihr die Gelassenheit in euer Leben einladet, auch viel leichter wahrnehmen, dass alles im Leben dazu da ist, damit ihr erkennen könnt, welch wunderbare Wesen ihr seid.

Erkennt euer wahres Wesen!

Geht gelassen miteinander um.

Das bedeutet auch, nicht mehr über andere zu urteilen,
nur weil sie scheinbar anders sind als ihr.

Gelassenheit bringt euch automatisch Weitblick
und Toleranz in euer Leben.

(Leben und leben lassen.)

Shanti Shanti Shanti*

---

*Wörtliche Übersetzung: Frieden Frieden Frieden
Zustand der Eintracht, der Harmonie. Ruhe des Gemüts, Seelenruhe, innerer Friede. Das dreifache *"Shanti"* wird interpretiert als der dreifache Frieden in Körper, Geist und Seele.

Alte Traditionen

Babaji: Aus dem heutigen Anlass des 1. November* heraus möchte ich euch etwas über eure vergangenen Aktivitäten erzählen. Ihr hängt sehr an Daten. Auch an Daten des Kalenders. Bedenkt dabei aber bitte, dass ihr – einige von euch – den Kalender erfunden habt. Außerdem sind nicht alle Kalender auf der Erde gleich. Weshalb hängt ihr also so sehr an irgendwelchen Tageszahlen? Weil es euch so eingeredet wurde. Vielmehr solltet ihr euch jedoch an dem, was ist, konzentriert orientieren. Eure Vorfahren orientierten sich an Sonne und Mond und Sternen. Diese Art der Orientierung war sehr viel genauer. Inzwischen seid ihr sogar so verrückt geworden, euch zwar nach euren Kalendern zu richten, aber wenn ein Datum (zum Beispiel Geburtstag oder Jahreskreisfest) nicht 'auf ein Wochenende fällt', dann verschiebt ihr es, diese Anlässe feierlich zu begehen. Warum hängt ihr also an diesen Daten? Zum Beispiel das heutige Datum: In vielen Gegenden ein gefürchteter Tag. Hier glaubt ihr, seid ihr Verstorbenen näher als sonst. Und ihr seid es auch, weil es im Massenbewusstsein so einprogrammiert ist. Es gibt keinen anderen Grund dafür als den, dass sehr, sehr viele Menschen ihr Bewusstsein am heutigen Tag intensiver auf ihre Ahnen richten. Somit gebt ihr ihnen die Möglichkeit, dass sie leichter als sonst mit euch kommunizieren können. Auf diese Weise funktioniert es. Nicht anders herum! 'Verstorbene Seelen' gibt es nicht. Es gibt nur Seelen, die unsterblich sind, das aber so sehr vergessen haben, dass sie herumirren.

Richtet euer Bewusstsein auf Licht und Liebe aus. Damit helft ihr allen Lebenden und 'Verstorbenen' am allerbesten und auch am wirksamsten. Denn wenn ihr euer Bewusstsein einfach nur auf Liebe ausrichtet, dann berührt ihr alles um euch herum mit den

---

*'*Allerheiligen*' (1. November) wurde ursprünglich allen Heiligen und Märtyrern gedacht. Weil heutzutage jedoch das Totengedenken im Mittelpunkt steht, kommt es somit zu einer Vermischung von '*Allerheiligen*' und '*Allerseelen*' (2. November).

Inzwischen hat sich neben den kirchlichen Bräuchen auch '*Halloween*' (31. Oktober) 'Öffnung einer Tür zum Reich der Toten und Geister' etabliert.

'*Samhain*' ist keltischen Ursprungs – 'Zugang zu den Wesen der Anderen Welt' Beginnt am Vorabend in der Nacht zum 1. November und wird an diesem Tage gefeiert. All diese Gedenktage sind Totengedenkfeste.

Schwingungen der Liebe. Somit kann sich *alles* in Liebe erlösen. Manche von euch tun jedoch das Gegenteil. Sie richten ihr Bewusstsein auf Vergangenheit und nicht geklärte Situationen.

Somit zieht ihr all diese Ungeklärtheiten in euer Leben. Und es müssen nicht nur eure eigenen Ungeklärtheiten sein. Ihr selbst (das heißt diejenigen, die ihr Bewusstsein dazu benutzen, es auf ungelöste Dinge zu richten) schafft erst ein Feld, in dem diese Kräfte arbeiten können. Ohne euer Bewusstsein können sie nicht handeln. Deshalb wäre es für alle von euch viel einfacher, wenn ihr euer Bewusstsein auf Liebe ausrichtet. Denn dann erlöst ihr automatisch alles um euch herum mit.

Wenn ihr irdisch verliebt seid, zum Beispiel, dann würdet ihr in diesen Momenten gar nicht auf die Idee kommen, euer Bewusstsein woanders hin als auf Liebe zu lenken. Genau das ist der Grund, weshalb ihr euch dabei so glücklich fühlt.

Immer das,
worauf euer eigenes Bewusstsein gerichtet ist,
geschieht in eurem Leben.

Wenn ihr also wirklich helfen wollt, dass alles sogenannte Dunkle erlöst wird, ihr nennt es auch 'ins Licht geht', so richtet euer Bewusstsein aus in Liebe. Dadurch erzeugt ihr ein Feld, welches dazu in der Lage ist, alles zu erlösen. *Alles!* Und niemand anderes als das Feld der Liebe ist überhaupt dazu in der Lage, zu erlösen. Ihr verkompliziert alles so sehr. Ihr braucht keine Rituale oder ähnliches, die nicht aus euren Herzen kommen! Rituale waren ursprünglich dazu da, um euch einen Rahmen zu geben, einen Anhaltspunkt. Aber ihr habt inzwischen die äußerlichen Rituale so sehr veräußerlicht, dass ihr ganz vergessen habt, worum es dabei eigentlich geht. Es geht um euer Inneres. Um die Gedanken, die ihr während des Rituals aussendet, beziehungsweise was ihr fühlt. Das Ritual selbst vermag nichts zu bewirken ohne eure Gedanken. Deshalb ist es auch so sehr wichtig, nicht einfach schamanische Rituale auszuführen, die ihr überhaupt nicht überblicken könnt. Selbstverwirklichte Meister halten Feuerzeremonien ab. Ihr Geist ist dabei vollkommen im Einklang mit der göttlichen Ordnung.

Und genau deshalb bewirken sie währenddessen Heilung für alle Anwesenden. Wenn ihr jedoch ein solches Ritual einfach so, aus Laune oder Mode heraus anwendet, ohne überhaupt den Sinn oder Grund zu verstehen, so könnt ihr alles Mögliche damit bewirken: nämlich das, was in euren Gedanken herumschwirrt! Wer von euch seine Gedanken schon vollkommen unter Kontrolle hat, der kann Rituale für andere Menschen abhalten. Wer seine eigenen Gedanken nicht kontrollieren kann, ist besser damit bedient, die Rituale nicht durchzuführen. Spielt nicht mit den Geistern!

Goethes 'Faust' ist ein gutes Beispiel. Habt ihr den Inhalt dieses Buches verstanden? Es wurde in diesem Land in den Schulen gelehrt. Aber habt ihr den Inhalt dieses Buches auch verstanden?

Erst müsst ihr wieder lernen und einüben, eure eigenen Gedanken zu kontrollieren, bevor ihr wirklich in der Lage seid, anderen zu helfen. Deshalb: Bitte hört auf, an solchen Tagen und Nächten wie diesen herumzuspielen mit Dingen, deren Ursache und Wirkung nicht in eurem Tagesbewusstsein abrufbar sind.

Gebt alles ab! In Liebe. An Gott.

Er – oder ein selbstverwirklichter Meister eurer Wahl – ist immer in der Lage, alles aufzulösen, was euch belastet. Ihr selbst könnt es auch, wenn ihr wieder wisst, wer ihr wirklich seid! Also seid bitte vorsichtig und wachsam in dem, was ihr tut.

Alles, was ihr in Liebe tut, tut euch gut.
Alles, was ihr ohne Liebe tut, schadet euch.
Das ist eine sehr einfache Regel.
Ein kosmisches Gesetz.
Unfehlbar. Immer wirksam.

Es liegt an euch selbst, was ihr in euer Leben zieht. Ganz an euch selbst. Wenn ihr aus der Liebe scheinbar herausfallt, dann ändert eure Gedanken! Dazu seid ihr jederzeit in der Lage! Denn eure Gedanken sind es, die euer Leben bestimmen und alles, was um euch herum geschieht. Jeder Gedanke wirkt sich aus. Jeder!

Jeder, den ihr je gedacht habt – in all euren Inkarnationen. Alle, die ihr denkt! Ihr habt jederzeit Einfluss auf eure Gedanken. Und was ihr jetzt – immer im Jetzt – denkt, wirkt sich aus auf das, was ihr Zukunft nennt. Also seid ihr sehr gut in der Lage, eure eigene Zukunft zu gestalten. Nämlich mit euren Gedanken der Gegenwart.

Und jeder Gedanke in Liebe löst ganz viel Altes auf,
was euch nicht mehr dienlich ist.
Gebt eure Macht nicht mehr länger ab.
All eure Macht lenkt ihr mit euren Gedanken.

Und gerade deshalb: Wenn ihr – besonders an solchen Tagen wie diesem – helfen wollt, dass alles lichtvoll wird, dann beschäftigt euren eigenen Geist mit Gedanken der Liebe, anstatt im Schlamm der Vergangenheit zu wühlen. Das ist sehr wichtig! Denn euer Massenbewusstsein wird auf diese Weise viel liebevoller werden.

Mit jedem, der sich entscheidet, Liebe auszusenden,
wird das Bewusstsein aller Menschen liebevoller.

Welchen Weg ihr gehen wollt, müsst ihr ganz allein entscheiden. Ein jeder ganz für sich allein, denn Gott hat jedem von euch einen freien Willen gegeben. Dadurch seid ihr in der Lage, euer Leben zu erschaffen. Wenn ihr wollt, dann ist es ein glückliches Leben in Liebe. Ihr braucht nichts weiter zu tun, als *jetzt* damit anzufangen, Gedanken der Liebe zu denken.

Es kann euch nichts geschehen,
wenn ihr in der Liebe seid.

Nichts ist so kompliziert, wie ihr es macht!
Geht in die Einfachheit. In Wahrheit und Liebe.

Innere Sammlung

Babaji: Es ist sehr wichtig, dass ihr euch immer mehr auf eure wunderbare innere Welt besinnt. Nehmt euch mehr Zeit für euch selbst. Das bedeutet nicht, dass ihr egoistisch sein sollt und eure Pflichten vernachlässigt. Es bedeutet vielmehr, nicht mehr so viele Vergnügungen im Außen zu suchen, sondern mehr nach innen zu gehen. Die meisten wissen nicht mehr, wie man das macht. Setzt Prioritäten! Wenn ihr das Gefühl habt, lieber eine Weile allein sein zu wollen, anstatt auf Partys zu gehen, dann gebt diesem inneren Drang nach. Eure innere Stimme schreit euch niemals an. Sie ist sehr, sehr leise. Darum braucht ihr Konzentration, um sie auch zu hören – falls ihr sie hören wollt.

Wenn ihr es wirklich ernst damit meint, spirituelle Fortschritte machen zu wollen, dann seid diszipliniert euch selbst gegenüber! Sucht euch die für euch selbst am besten passende Umgebung. Das kann bei jedem anders sein. Zieht euch zurück zur Innenschau. Von Vorteil ist es, sich eine feste Zeit anzugewöhnen. So, wie ihr auch Zeiten habt, in denen ihr esst oder schlaft, könnt ihr euch ebenso eine feste – für euch passende – Zeit ganz für euch selbst festlegen. Ansonsten geschieht es, dass ihr nicht regelmäßig das praktiziert, was ihr euch vorgenommen hattet. Euer Ego kennt genügend Tricks, um euch davon abzuhalten, nach innen zu gehen. Es lockt euch immer wieder ins Spiel der materiellen Welt. Und in der heutigen Zeit herrscht eine solch immense Reizüberflutung (von Angeboten und Verlockungen), dass es sehr, sehr viel innere Disziplin erfordert, dem Glitzer der Außenwelt zu widerstehen, um sein eigenes Sein zu erforschen.

Anfangs scheint das sehr langweilig auszusehen. Wenn jemand, der noch nie meditiert hat, einem Menschen beim Meditieren zuschaut, dann glaubt er meist, dass Meditation bedeutet, einfach nur still dazusitzen und nichts zu tun. Aber jeder, der bereits etwas Meditationspraxis hat, weiß, dass es so nicht ist.

Meditation ist eine Reise in die eigene innere Welt.
Und nicht nur in die eigene Welt.
Wir sind mit allen und allem verbunden.
Das Ziel ist, diese Erfahrungen auch wirklich zu machen.

Von Außen betrachtet sieht das vollkommen unspektakulär aus, und es gibt kaum jemanden, der mit seinen eigenen tiefgreifenden Meditationserfahrungen prahlt. Wie denn auch? Nur der, der es versucht, kann verstehen, wovon ich rede. Seht nach innen. Und vergesst dabei das Außen. „Wie aber sollen wir das schaffen?", höre ich viele denken.

Du kannst es nur schaffen, wenn du es wirklich willst.
Dann erschaffst du es – mit deinem freien Willen.

Aber wie?
Nun: Zuerst erfordert es deinen innerlichen Wunsch. Als nächstes folgt automatisch eine äußerliche Veränderung. Vielleicht liest du jetzt lieber Bücher spiritueller Natur, anstatt fernzusehen oder Smalltalk zu halten? Du selbst bemerkst diese Veränderung im Außen womöglich nicht, bis dich deine Freunde und Bekannten plötzlich fragen, was denn mit dir los ist. Wahrscheinlich kannst du ihre Frage gar nicht beantworten, weil nichts mit dir los ist, was man im Außen erklären könnte. Vielleicht bemerkst du es auch erst in dem Moment, weil dein innerer Wunsch ganz automatisch eine äußere Veränderung deiner Gewohnheiten verursacht hat.

Der nächste Schritt ist, dass du jetzt ganz bewusst Veränderungen herbeiführen kannst. Vielleicht sagst du nun ein paar von deinen Verabredungen ab, die du eh schon nicht mehr vom Herzen her eingehalten hast. Es wird dir anfangs sogar selbst ziemlich seltsam erscheinen, dass du dich plötzlich nicht mehr für dieselben Dinge und Themen interessierst wie all deine Bekannten. Es ist dir nicht mehr so wichtig, was der neueste Tratsch ist oder was im Kino oder Fernsehen läuft. Daran erkennst du, dass bereits eine Veränderung stattgefunden hat. Auch, wenn du dieses Buch Seite für Seite bis hierher gelesen hast, so hast du deine Zeit für dich genutzt.

Dieses Buch gibt dir zu denken. Nachzudenken über die Art, wie du dein eigenes Leben gestaltest, weil du jetzt weißt, dass du selbst es bist, der sich sein Leben erschafft. Mit allen Facetten, die du vielleicht vorher Schicksal genannt hast.

Doch jetzt, wo du erkennst, dass du selbst der Schöpfer deines Lebens bist, findest du es auch viel spannender und interessanter, auf der Welt zu sein. Du erkennst plötzlich Zusammenhänge, die dir zuvor nicht klar gewesen sind. Du erkennst auch, dass du dich gut fühlst, wenn du dich mit spirituellen Themen befasst, anstatt dich darum zu kümmern, was der neueste Klatsch in den Medien dir vorschreiben möchte. Dein Leben gestaltet sich von ganz allein anders. Du lernst andere Menschen kennen, weil du eine andere Schwingung bekommst. Weil du ganz anders in Resonanz bist mit allem um dich herum.

All diese äußeren Dinge fallen dir irgendwann auf. Und plötzlich erkennst du, dass du dich schon längst auf dem Weg nach innen befindest. Völlig unbemerkt (für dich selbst) ist es geschehen. Jetzt bist du an einem Punkt, wo vielleicht dir nahe stehende Personen nichts mehr mit dir anzufangen wissen oder dich sogar für irre, übergeschnappt oder ähnliches halten. Ein wichtiger Punkt. Nämlich ein Punkt, an dem du selbst bemerkst, dass du dich bereits (für andere sichtbar) verändert hast.

Nun kannst du bewusst wählen, wie und wohin du weiter gehen möchtest. Den Weg nach innen oder nach außen? Wenn du dich für den Weg nach außen entscheidest, dann wird dennoch nichts mehr so sein, wie es vorher war. Denn du kannst nicht mehr so gleichgültig sein, wie du einst gewesen bist. Irgendwann wird dich deine innere Stimme wieder rufen.

Warum also nicht gleich die Richtung *bewusst* ändern?
Warum nicht jetzt?
Willst du?
Willst du den Weg stetig nach innen gehen?
Dann gehe.
Dein eigener Wille ist dein Katalysator.

Denke darüber nach, was du wirklich willst,
was dir wirklich wichtig ist.
Nimm dir Zeit für *dich selbst*,
um *dich selbst* zu analysieren.

Das ist viel interessanter, als über irgendetwas oder irgendwen nachzudenken. Aber passe auf! Sei wachsam! Denn dein Ego will dich anfangs immer und immer wieder abhalten von deiner Richtungs-Änderung. Erkenne die Tricks. Denn nur, wenn du diese Tricks enttarnst, kannst du diesen Fallstricken entkommen.

...

Innere Sammlung bedeutet auch:
Alle Gedanken sammeln und zentrieren.

Wohin? Am einfachsten und effektivsten ist es, dich auf dein Herz zu konzentrieren. Die Gedanken filtern – das geschieht dadurch automatisch (während du das tust). Denn in deinem Herzen ist die Liebe, die du in Wahrheit bist, zu finden. Dort ist der Ort, wo du Glück empfinden kannst. In deinem eigenen Inneren! Warum also weiter im Außen suchen? Im Außen musst du hetzen und hetzen. Von einem Ort zum anderen, dennoch ist dort kein anhaltendes Glück zu finden. In deinem eigenen Inneren befindet sich der Ort, wo du Glück empfinden kannst. Ist das nicht wunderbar? Du brauchst nirgendwohin zu gehen. Nirgendwohin. Du trägst den Ort, wo du glücklich sein kannst, die ganze Zeit in dir. Egal, wo du dich im Außen befindest. Genial. Der Ort, der dir Frieden bringt, ist immer da. Immer. Du brauchst nur die Richtung zu ändern. Freiwillig. Das ist alles.

Und dennoch sehe ich euch noch im Außen suchen. Wenn eure Tendenz, nach innen zu gehen, immer größer wird als die Tendenz, im Außen zu suchen, dann wisst ihr, dass ihr auf dem richtigen Weg seid. Nämlich auf eurem eigenen Weg. Und der führt euch immer nach innen. Zu euch selbst hin. Euer wahres Ich lebt in euch. Voller Freude pulsiert es in euren Herzen und wartet darauf, endlich von euch entdeckt zu werden. Eine interessantere Reise als in euer Inneres gibt es nicht.

Sammelt eure Gedanken.
Zerstreut euch nicht mehr selbst!
Ihr habt Einfluss auf euer Leben. Jeder.

Entscheidet euch, bewusst Einfluss zu nehmen, und alles kann viel leichter fließen. Probleme lösen sich auf. Wie von Zauberhand werdet ihr fröhlicher und gelassener. Denkt einfach mal kurz zurück, ob ihr vor x Jahren dieses Buch gelesen oder es als Schwachsinn abgestempelt hättet.

Ihr seid schon auf dem Weg.
Geht ihn bewusst.
Schafft euch Raum und Zeit,
um euch selbst zu begegnen.

Geduld

Babaji: Dieses Thema betrifft alle. Geduld. Dulden ...

Was bedeutet es, geduldig zu sein? Hier ist es wieder wichtig, Geduld nicht mit Gleichgültigkeit zu verwechseln. Ein geduldiger Mensch ist eine sehr angenehme Erscheinung für andere. Ein gleichgültiger Mensch strahlt etwas aus, was andere Menschen nicht froh machen kann. Geduldig sein bedeutet auch, die Dinge anzunehmen, wie sie erscheinen. Ohne sich zu beklagen, weshalb nicht alles schneller oder besser geschieht, als es geschieht. Geduld bedeutet auch, sich nicht zu zerreißen, um etwas schneller haben zu wollen, als es möglich ist. Geduld und Nervosität schließen einander aus. Durch Nervosität entsteht oftmals eine noch größere Zeitverzögerung oder Unordnung, als bereits vorhanden ist. Das geschieht dadurch, weil Nervosität eine Kraft ist, die sich nicht fokussieren kann. Nervosität zerstreut eure Gedanken, somit eure Erschaffungskräfte. Durch Geduld hingegen kannst du deine Kräfte bündeln und auf das Ziel richten, welches gerade jetzt, in diesem Moment ansteht.

Geduldig sein ist gleichzusetzen mit:
Zu erkennen, was jetzt zu tun ist
und was noch Zeit braucht.
Alles hat seine Zeit!

So, wie die Jahreszeiten bei den Pflanzen darüber bestimmen, wann es möglich ist, zu wachsen, um dann in Ruhe heranzureifen (und erst danach die Früchte zu ernten) ... wie auch die faulenden, ungeernteten Früchte fallen zu lassen, um eine kräfteschonende Ruhepause einzulegen, damit währenddessen alles neu geordnet werden kann, um danach zum rechten Zeitpunkt erneut mit Wachstum zu beginnen ... So ist Geduld erforderlich, um die Rhythmen im Leben zu erkennen und zu akzeptieren. Im gesamten Leben ist Geduld angesagt. Egal, ob ihr euch ein Essen zubereitet oder auf den Bus wartet. Es dauert, solange es dauert. Manche Dinge könnt ihr nicht beschleunigen. Aber ihr könnt das Warten so gestalten, dass es Freude bereitet, anstatt euch zu zerstreuen.

Wie wollt ihr zum Beispiel einen Faden in ein Nadelöhr hinein bekommen, wenn ihr es nicht schafft, für diesen einen Moment ganz konzentriert und geduldig, das heißt, Kräfte fokussierend diese Aufgabe zu erledigen? Eure Augen und eure Hände – sie müssen zusammenarbeiten – sehr genau, sonst ist es euch nicht möglich, diese exakte Arbeit durchzuführen. Ihr müsst den Faden ganz genau platzieren, so dass er durch das winzige, schmale Nadelöhr passt. Denn jede kleinste Abweichung lässt euch euer Ziel verfehlen. Geduld ...

Aber Geduld bedeutet auch, dass ihr wieder lernt,
abzuwarten,
bis der richtige Zeitpunkt zum Handeln gekommen ist.

Was glaubt ihr, was passieren würde, wenn ihr alle Apfelblüten aufesst, nur weil ihr nicht die Geduld habt zu warten, bis die Äpfel reif sind? Ganz einfach: Es würde nie wieder Äpfel geben. Denn irgendwann würdet ihr – nach mehreren Generationen – nicht einmal mehr wissen, dass es jemals Äpfel gab! Ihr würdet so lange alle Apfelblüten essen, bis auch der letzte alte Baum keine Blüten mehr hervorbringt. Und neue Bäume könnten nicht wachsen, weil es keine Äpfel und Apfelkerne mehr gibt. Alles nur, weil ihr nicht geduldig gewartet habt, bis die Zeit reif ist für die Ernte! Eines Tages würdet ihr auch nicht mehr wissen, dass es einst Apfelblüten gab – geschweige denn Apfelbäume. Ihr würdet es wahrscheinlich als Mythos oder Märchen bezeichnen, wenn euch jemand erzählt, wie ein Apfel aussieht und schmeckt.

So funktioniert es, wenn ihr ungeduldig seid. Ihr verpasst dadurch den richtigen Zeitpunkt, weil der Zeitpunkt gar keine Chance hat, von euch wahrgenommen zu werden. Denn wenn der Zeitpunkt (am Beispiel des Apfelbaums) der Ernte käme, so könntet ihr nicht ernten, weil *ihr selbst* durch eure Ungeduld alle Möglichkeiten und Wachstums-Chancen bereits verbaut beziehungsweise verhindert habt.

Ein anderes Beispiel: Wenn ihr euch mit einem anderen Menschen verabredet – für einen ganz bestimmten Tag –, so wird es euch ganz und gar nichts helfen, schon eine Woche vorher zu diesem

Treffpunkt zu gehen. Das Einzige, was dann geschähe, wäre, dass ihr ungeduldig eine Woche lang schimpft und euch ärgert, weil die Person, mit der ihr euch verabredet habt, so lange braucht, um zum Treffpunkt zu kommen. Aber dieser Mensch kommt genau zum verabredeten Zeitpunkt – vielleicht sogar gut gelaunt, weil er seine Zeit genutzt hat, um sich den Dingen zu widmen, die wirklich anstanden. Währenddessen habt ihr ärgerlich eure Zeit vergeudet durch Ungeduld, die ihr aber selbst verursacht habt – weil ihr nicht abwarten konntet.

So läuft vieles in eurem Leben ab. Sehr vieles. Nun ist es an der Zeit, dass ihr euer Leben bewusst lebt und ebensolche Situationen erkennt! Die Situationen sind vielleicht nicht so deutlich wie die eben genannten Beispiele. Aber wenn ihr euch selbst schult, auf eure Verhaltensweisen zu achten, das heißt, auf eure Ungeduld zu achten, dann werdet ihr diese Muster erkennen und somit ändern können.

Fragt euch jedes Mal, wenn ihr bemerkt, dass ihr ungeduldig seid, was der Grund dafür ist. Sehr schnell werdet ihr bemerken, was der Grund ist. Nämlich: Ihr habt vergessen, dass euer Leben in der Gegenwart zu leben ist. Nur in der Gegenwart. Und Ungeduld ist immer ein sicheres Zeichen dafür, dass ihr keinesfalls gegenwärtig seid, sondern ein Ereignis oder Ergebnis, welches sich noch im Wachstum befindet, schon jetzt gleich erleben oder haben wollt. So funktioniert es nicht. Auf diese Weise macht ihr euch selbst unglücklich.

Seid geduldig.
Wartet auf den richtigen Zeitpunkt.
Aber seid wachsam, damit ihr ihn nicht verpasst!

Babaji fügte schelmisch hinzu: Im Winter gibt es keine Äpfel mehr an den Bäumen – ihr müsst sie im Herbst ernten.

Durch eure Art zu leben – euch nicht mehr nach den Gesetzen der Jahreszeiten zu richten – habt ihr verlernt, weshalb Geduld so wichtig ist.

Besinnt euch wieder!
Erkennt, dass Geduld bedeutet,
immer zum richtigen Zeitpunkt zu handeln,
weil es vorher sinnlos
und hinterher nicht mehr möglich ist.

Denkt nach über das Beispiel des Apfelbaumes. Und wendet *eure eigenen* Erkenntnisse an in *eurem* Leben!

Es wird euch Spaß machen, euch selbst dabei zu beobachten, wann und wie ihr ungeduldig seid. Jetzt habt ihr die Möglichkeit, euer bisheriges ungeduldiges, zerstreutes Leben zu ändern in ein geduldiges, glückliches Leben.

Achtet auf alle Anlässe für Ungeduld!
Hier liegt einfach nur ein Fehler in eurem Denken vor.
Ändert eure Denkweise,
und es wird bald keine ungeduldigen Momente mehr
in eurem Leben geben.
Das führt euch hin zu Gelassenheit
und innerem Frieden.

– Geduld –
Schließt wieder Frieden mit dieser Eigenschaft.

Erlösung von alten Ängsten

Babaji: Was Angst ist, hatten wir bereits besprochen. Es ist Enge (wie Angina)* – ein Gefühl, eingesperrt zu sein und keinen Ausweg zu finden. Jeder hat andere Ängste. Schon das allein beweist euch, dass es Angst real nicht wirklich gibt.

Wie könnte sonst der andere Höhenangst haben, wenn der eine gerne auf hohe Bäume klettert? Oder wieso schwimmt und taucht der eine und der andere hat Angst vor dem Meer? Wieso? Wenn Angst real wäre, dann würdet ihr alle die gleiche Angst empfinden müssen, wenn ihr euch in gleichen Situationen befindet. Aber ihr selbst wisst aus euren Lebenserfahrungen heraus, dass dem nicht so ist. Wieso?

Es sind nichts weiter als alte Muster, die euch immer und immer wieder Gefahr einreden wollen. Angst ist nicht real, dennoch eine sehr, sehr starke Emotion. Woher kommt sie? Wieso werdet ihr so schlecht Herr über eure Ängste? Weil ihr gar nicht mehr wisst, wo die Quelle eurer Ängste ist. Nämlich: Eine vorher (das kann schon lange her sein) gemachte Erfahrung ist noch gespeichert in euch.

Und jedes Mal, wenn eine solche oder ähnliche Situation entsteht, dann reagiert ihr mit der gleichen Angst, die ihr einst hattet. Bei jedem Mal wird die Angst noch stärker, weil ihr sie wegdrücken wollt, weil ihr sie nicht annehmen wollt und – vor allem – weil ihr Angst davor habt, zu ergründen, woher die Angst eigentlich kommt.

Um jemanden kennenzulernen, fragt ihr oft zuerst nach dem Namen und woher er kommt. Wieso wendet ihr nicht die gleiche einfache Methode an, wenn ihr eure Angst kennenlernen wollt? Es ist nicht möglich, die Angst zu besiegen. Denn 'besiegen' bedeutet, dass ihr vorher gegen sie gekämpft haben müsst. Kämpfen oder Weglaufen sind beide vollkommen wirkungslos. Beim Kämpfen könnt ihr nicht gewinnen, weil ihr gar nicht wisst, wogegen ihr kämpfen sollt. Und Weglaufen ist nutzlos, weil ihr ebenfalls nicht

---

**Angina*: (lat.) von: *ang*or = Beklemmung, Angst, Atemnot, Unruhe, auch Melancholie. Wird in der Medizin häufig als Hinweis auf die Leitsymptome (Enge-Gefühl und Beklemmung) verwendet.

wisst, woher die Angst kommt – wie also wollt ihr die Richtung herausfinden, in die ihr weglaufen könntet? Ihr habt nur eine Möglichkeit:

Stehen bleiben.
Innehalten.
Vollkommen gegenwärtig sein
und:
sich der Angst stellen.

Genau das ist der Punkt, den ihr mit allen möglichen Strategien immer und immer wieder vermieden habt. An den Beispielen von Wasserangst und Höhenangst könnt ihr es erkennen. Der erstere meidet es, schwimmen zu gehen, der andere wird nicht freiwillig auf hohe Bäume klettern. Warum? Weil seine Angst alles tut, ihn davon abzuhalten. Denn womöglich würde sonst noch klar werden, dass es weder schlimm ist, schwimmen zu gehen (insofern man gewillt ist, es zu lernen), noch, dass es schwierig ist, auf hohe Bäume zu klettern (wenn man die Sicherheitsvorkehrungen beim Klettern beachtet).

Und so verhält es sich bei jeder Angst. Es ist eure eigene Angst, die euch davon abhält, in ähnliche Situationen geraten zu wollen. Stellt es euch folgendermaßen vor: Da die Angst weiß, dass sie nicht real ist, vermeidet sie alles, um bloßgestellt zu werden.

Es ist wie eine Maskerade. Bei der Maskerade braucht ihr dem Maskierten bloß die Maske vom Gesicht zu nehmen, um zu erkennen, wer sich dahinter verbirgt. Oftmals erkennt ihr auch an seiner Stimme, seinem Gang oder seinen Gestiken schon, wer da versucht, eine andere Person vorzutäuschen, als er ist. Genauso verhält es sich mit euren Ängsten. Bleibt stehen und seht sie euch genauestens an ...

Egal wie viel Angst euch die Angst einzujagen versucht:
Ihr müsst sie anschauen.

Und schon bald werdet ihr bemerken, dass sie gar nicht wirklich existiert. Das merkt ihr daran, wenn ihr buchstäblich durch sie hindurch gegangen seid. Denn sie ist nicht in der Lage, euch Widerstand zu leisten, wenn ihr euch entschlossen habt, stehen zu bleiben – sie anzusehen, um schließlich auf sie zu und hindurch zu gehen. (Bei den einfachen Beispielen wäre ein Schwimmkurs oder Kletterkurs eine Hilfe, um den Mut dazu aufzubringen).

Was ist aber mit diffuseren Ängsten? Es ist das gleiche Prinzip. Nur könnt ihr sie etwas schwieriger erfassen, weil sie sich noch besser maskiert haben. Ihr seid es, die ihr die Angst überraschen müsst, damit sie euch nicht vorher ausweichen kann. Denn sie will auf keinen Fall enttarnt werden. Dann würde sie aufhören, in euren Gedanken zu existieren. Es gäbe sie nicht mehr. Aber wie?

Ihr braucht Mut, einen starken Willen und den festen Glauben, dass ihr es schafft, durch die Angst hindurch zu gehen, um dann gestärkt daraus hervorzutreten. Nämlich: ohne diese Angst weiter zu leben.

Soll ich noch ein Beispiel nennen? Es geht um Folgendes: Wenn ihr euch entscheidet, euch der Angst zu stellen, so wird sie das bemerken, das heißt, sie wird so tun, als wäre sie schon gar nicht mehr da. Ihr glaubt dann, dass ihr sie bereits überwunden hättet, und wiegt euch in Sicherheit. Doch bei der nächsten Gelegenheit wird sie euch mit einer vielfachen Kraft regelrecht anspringen (ein sogenannter Überraschungsangriff). Das ist der Trick ... Somit bekommt ihr noch mehr Angst – ihr zweifelt an euch selbst und macht euch immer kleiner, um der Angst dadurch mehr Raum zu geben. Genau das ist das Ziel eurer Angst: euch vollkommen zu beherrschen. Wollt ihr das? Wohl eher nicht!

Also dann! Bleibt stehen! Seht euch ganz genau die Situation an, in der ihr euch gerade befindet, wenn die Angst euch anfällt. Sie wird euch anfallen wollen. Aber was sie nicht will, ist, dass sie angesehen wird. Sie – die Angst – kommt immer heimtückisch 'von hinten'. Dreht euch um! Wo ist sie, die Angst? Sie existiert nicht wirklich. Sie ist nicht real. Sobald ihr euch nicht mehr darauf einlasst, dagegen ankämpfen zu wollen oder wegzulaufen oder Situationen, die ähnlich sind, zu vermeiden, wird die Angst die Macht über euch verlieren. Sie will nicht erkannt werden! Also ist es an ihr, zu gehen. Die Illusion löst sich auf. Einfach nur dadurch, indem ihr ihr buchstäblich in die Augen schaut. Klingt das für euch zu einfach und dennoch zu schwierig? Probiert es selbst aus!

Und da gibt es noch die tief-sitzenden Ängste – das sind besonders hartnäckige, eingebrannte Muster. Um diese aufzulösen, gibt es ebenso keinen anderen Weg, als stehen zu bleiben und sich der gefürchteten Situation zu stellen. Sei es, endlich jemandem die Meinung zu sagen oder über einen Bach zu springen. Was soll euch schon passieren? Vielleicht ist der, dem ihr die Meinung sagt, so verwirrt, dass ihr (die ihr sonst alles geschluckt habt) plötzlich 'aufmuckt'. Was soll er tun? Er wird mit sich zu tun haben. Und wenn ihr über den Bach springt, bekommt ihr eventuell nasse Füße. Ist das schlimm? Ihr werdet nicht davon ertrinken!

Es ist niemals schlimm, sich seiner Angst zu stellen. Schlimm ist nur, es nicht zu tun. Wenn sie so stark ist, dass sie euch ein Gefühl von 'Herz-Einschnüren' gibt, dann ist es wirklich allerhöchste Zeit, stehen zu bleiben. Anzuschauen. Und schon muss sich das Gefühl eines zugeschnürten Herzens lockern, weil diese Blockierung nur in euren Gedanken existiert. Oftmals sind es ururalte Muster, die euch immer noch Angst einjagen. Weil ihr euch bisher Inkarnation um Inkarnation davor gedrückt habt, stehen zu bleiben, um den wahren Grund herauszufinden.

Tut es *jetzt*.

Jeder weiß selbst, wo ihn seine Ängste überfallen. Dreht das Spiel um! Lasst euch nicht länger beherrschen von Ängsten. Sie tun nur so, als ob sie existieren würden. In Wahrheit existieren sie nur in euren Gedanken.

Ändert euer Denken.

Geht darauf zu – dann erlangt ihr Klarheit und Stärke. Wenn ihr wollt, könnt ihr damit beginnen, eure kleinen Ängste aufzulösen. So bemerkt ihr, dass es funktioniert, und habt genügend Kraft, euren tief-sitzenden, diffusen Ängsten entgegenzutreten. Ohne Kampf! Einfach nur durch Ansehen.

Und wisst ihr, was Ängste überhaupt nicht mögen? Liebe! Ist das nicht wunderbar? Ihr braucht sie nur liebevoll anzuschauen und schon habt ihr sie aufgelöst! Schaut Menschen, vor denen ihr euch bisher gefürchtet habt, liebevoll in die Augen. Und seht selbst, was dann geschieht.

Jetzt habt ihr die Macht über eure Ängste. Nicht mehr umgekehrt! Also, löst sie auf! Eine nach der anderen. Manche von ihnen werden ganz von selbst verschwinden, während sie eure veränderte Denkweise bemerken.

„Aber was ist mit karmischen Ängsten?“, höre ich da. Was soll damit sein? Es ist das gleiche Prinzip. Der Unterschied ist nur, dass ihr es ein bisschen schwieriger habt, die Ursache zu finden. Bei Wasser- oder Höhenangst ist es einfacher. Bei der Angst vor Situationen mit karmischen Bindungen, das heißt vor Menschen, etwas schwieriger – scheinbar! Dennoch: Das gleiche Prinzip ist anzuwenden. Falls ihr unangenehme Gefühle habt, wenn ihr einem Menschen begegnet (eventuell bei wiederholten Begegnungen immer stärker), so bleibt auch hier stehen und schaut der Angst buchstäblich in die Augen – liebevoll. Je eher ihr das tut, desto schneller ist alles aufgelöst.

Es ist wirklich nur erforderlich,
stehen zu bleiben!
Weder Kampf noch Flucht sind hilfreich.
Worauf wartet ihr?
Ihr wollt doch ein angstfreies Leben?
Schenkt es euch selbst.
Seid mutig!

(Ihr habt euch lange genug klein gemacht.)

Schaut jeder Angst ‘in die Augen’,
bei Menschen nehmt es wörtlich!
Schaut ihnen liebevoll in die Augen.
Diese Liebesschwingung ist in der Lage,
alles Alte
– wie alt und tief es auch sein mag –
im Nu aufzulösen.
Für immer.

Lauft nicht mehr vor etwas weg,
obwohl ihr nicht einmal wisst, wovor ihr weglauft.
Und vermeidet nicht mehr, eure Ängste zu fühlen,
sondern sucht die Gelegenheit!
Befreit euch selbst.

Ihr habt euch diese Fesseln selbst angelegt. Jetzt habt ihr den Schlüssel dazu, sie euch selbst wieder abzunehmen.

Befreit euch! Es ist einfacher, als ihr glaubt.

Nur der erste Schritt dahin erscheint schwierig. Aber nur deshalb, weil ihr noch nicht gewagt habt, ihn mutig zu gehen.

Vertraut auf eure eigene Kraft.
Ihr könnt alles erlösen.
Alles!
Es ist jetzt an der Zeit, es auch wirklich zu tun!
Verpasst den Zeitpunkt nicht!
Handelt.
In Liebe

Und bei jeder Gelegenheit, wo Angst im Spiel ist:
Bleibt stehen,
um ihr mutig und liebevoll in die Augen zu sehen.
Und seid euch gewiss, sie zu erlösen.

OM NAMAH SHIVAYA*

ist ein passendes Mantra in solchen Situationen.
Es ist hilfreich, es im Geiste zu wiederholen
oder auch laut zu chanten**.

Ganz wie ihr es fühlt, so handelt.

---

* Om Namah Shivaya: siehe Erklärung auf Seite 51

**chanten: von engl. *to chant* = (ab)singen, rhythmisch rufen im engeren Sinn, bezeichnet das Singen von religiösen Liedern oder Mantren als religiöse Praxis.

Erneuerung

Babaji: Was und warum muss alles immer und immer wieder erneuert werden? Weil ihr mit veralteter Energie nicht in der Lage seid, euch weiterzuentwickeln. Erneuerung auf allen Ebenen bedeutet also: ständige Entwicklung. Ihr nennt es oftmals auch Weiterentwicklung. Dieses Wort ist sehr verwirrend für euch. Denn in Wahrheit braucht ihr alle euch nirgendwohin weiter zu entwickeln, sondern eher zurück auf euren wahren Ursprung zu ent-wickeln, das heißt, alle Schichten abzulegen, die veraltet sind. Eine Schlange häutet sich, wenn ihr die alte Haut zu eng geworden ist. Unter dem Schutz der alten Haut hat sich in Ruhe schon die neue Haut gebildet. Sie – die Schlange – streift ihre alte Haut ab. Die neue Haut kommt somit zum Vorschein. Aber sie wächst nicht etwa über die alte Haut darüber, sondern die alte Haut muss erst entfernt werden, damit die neue Haut überhaupt zum Vorschein kommen kann. Es ist also ein Wachstum von außen nach innen. Es ist sehr wichtig, dass ihr das versteht.

Ihr entwickelt euch nirgendwohin,
denn ihr *seid* bereits
vollkommen entwickelte Wesen.

Ihr braucht jetzt lediglich eure alten Häute oder Schichten – oder wie auch immer ihr es bezeichnen möchtet – abzulegen.

Aber wie sollt ihr das tun? Ihr werdet es wohl nicht der Schlange gleichtun? Eure Art der Entwicklung findet viel subtiler statt und stetiger – fast unmerklich. Einige von euch stagnieren während ihrer Entwicklung, weil sie ihre alten Häute, das heißt, ihre alten Gewohnheiten und Denkweisen nicht ablegen wollen. Doch warum sollten sie das auch tun, solange sie sich in ihrer Lage wohlfühlen? Erst muss ihnen bewusst werden, dass sie sich eben *noch nicht* vollständig wohlfühlen. Alles andere fügt sich dann von selbst ...

Sie begeben sich von allein – aus freiem Willen heraus – auf die Suche. Meist nach außen. Sie versuchen, sich eine neue äußere Haut – so wie die Schlange – zuzulegen. Das geschieht mit all den vielfältigen materiellen Verlockungen und Versprechungen, die zurzeit auf der Erde möglich sind beziehungsweise euch Glück versprechen wollen. Diese Richtung – nach außen – muss so lange eingeschlagen werden, bis die eigene innere Einsicht euch dazu bringt, innezuhalten.

Erst kommt das Innehalten. Oftmals ist dieser Prozess begleitet von äußerlichen Zeichen wie Krankheiten, Unfällen oder sonstigen unangenehmen Erfahrungen. Wenn ihr dadurch bemerkt, dass die Scheinwelt der Materie es nicht vermocht hat, euch glücklich zu machen, dann erkennt ihr, dass es da noch etwas gibt. Nur was?

Endlich hat euer wahres Selbst die Chance, erhört zu werden. Seine leise Stimme hattet ihr bisher übertönt mit dem Getöse und der Unruhe der äußeren Welt. Jetzt erst ist es möglich, dass die Erneuerung beginnen kann. Versteht ihr? Ihr habt euch immer mehr Häute (Schichten) um euer wahres Selbst gelegt – es immer mehr vor euch selbst versteckt. Jetzt aber, genau an diesem Punkt, beginnt die Ent-wicklung: das heißt die Ablegung aller Häute – eine nach der anderen.

Das ist sehr wichtig zu verstehen: Eine nach der anderen! Ihr müsst mit der äußersten Schicht beginnen, sie ablegen, damit die nächste Schicht zum Vorschein kommen kann. Und so arbeitet ihr euch langsam durch – durch die Häute beziehungsweise *Schicht*en eurer eigenen Ge*schicht*e. Deshalb ist es auch nicht möglich, dass ein anderer das für euch tun kann. Denn ihr selbst müsst eure eigenen Häute Schicht um Schicht entfernen, damit eure wahre Haut – euer wahres Selbst – wieder frei atmen kann.

Andere können euch dabei helfen, die Häute abzulegen. Aber immer nur so weit, wie sie selbst schon ihre eigenen Häute abgelegt haben. Versteht ihr? Ein Lehrer kann euch auch immer nur das beibringen, was er selbst verinnerlicht hat. Ein spiritueller Lehrer kann euch immer nur so weit behilflich sein, wie er schon selbst entwickelt ist. Alles unterliegt ständiger Entwicklung, ständiger Erneuerung.

Was hat diese Häutung mit Erneuerung zu tun? Ihr entdeckt euch dabei vollkommen neu. Das ist deshalb so, weil jede Haut, jede Schicht, die ihr freigelegt habt, immer feinere (ihr nennt sie 'höhere') Energien aufnehmen kann, und dadurch euer Leben leichter und fließender wird. Das ist auch der Grund dafür, dass ihr alle so unterschiedliche Empfindungen habt, wenn ihr mit 'höheren' Energien in Berührung kommt.

Stellt euch ein Diagramm vor. Nehmt einen beliebigen Punkt im mittleren Bereich. Nur die Hautschicht, die mit der Energie an dem Punkt in Resonanz ist, kann diese Energie auch aufnehmen. Wenn noch weitere Schichten darüber liegen, so wird es nicht möglich sein, diese höhere Energie wirklich aufnehmen, weil diese Blockaden den Energiefluss verstopfen. Andersherum betrachtet ist es also für jeden unterschiedlich, je nachdem, wie weit seine Häutung – Entwicklung – gerade ist. Was gestern noch als nicht möglich erachtet wurde, ist heute plötzlich wahr und morgen schon wieder von niedrigerer Energie, weil noch eine Schicht mehr entfernt wurde, also somit noch entsprechend höhere Energien aufgenommen werden können. Das Verrückte dabei ist, dass ihr meistens immer noch die Angewohnheit habt, zu glauben, alle Menschen müssten sich auf der gleichen Entwicklungsstufe (im gleichen Häutungsprozess) wie ihr befinden. So ist es eben nicht.

Deshalb bitte ich euch darum,
die Wege aller zu achten.
Denn bei jedem führt der Weg
irgendwann zur Einsicht,
dass sich die Wahrheit
im Inneren befindet.

Fahrt fort, eure alten Häute, das heißt Gewohnheiten abzulegen, damit ihr euch in dem Tempo, wie es für euch selbst am besten ist, entwickeln könnt. Denkt einfach über euch selbst nach. Das, was ihr heute erkannt habt, wusstet ihr vielleicht vor einigen Jahren noch nicht. Ebenso ergeht es euren Mitmenschen. Aber das Gesetz der Resonanz sorgt von selbst dafür, dass ihr auf die Möglichkeiten verwiesen werdet, die immer am aktuell wichtigsten für euch sind. Im Äußeren könnt ihr es vergleichen mit der Entwicklung eines Säuglings zum Kleinkind, zum Schulkind, zum Jugendlichen, zum Erwachsenen, zum Greis.

Passt aber auf, dass ihr nicht in euren alten Denkgewohnheiten hängen bleibt. Glaubt bloß nicht, ein winziger Säugling ist eine weniger entwickelte Seele als ein Greis. Das ist eben nicht so! Ich wollte euch damit nur zeigen, dass ein Greis längst nicht mehr mit Bauklötzchen spielt; ein Säugling sich nicht für Rauchen oder Filme interessiert; ein Jugendlicher glaubt, perfekt zu sein – er ist auch schließlich in der Blüte seines Lebens (weder Säugling noch Greis), alles erscheint ihm möglich. Ein Erwachsener versteht die Sorgen eines Kleinkindes nicht mehr. So wie ein Schulkind nicht versteht, dass Greise so lange still sitzen können, und obwohl sie so alt aussehen, noch denken können. Ein Erwachsener spielt nicht mehr die Spiele, die er als Kleinkind gespielt hat. Ein Greis ist nicht mehr in der Lage, sich in das Denken und Tun eines Erwachsenen hineinzuversetzen und so weiter. Deshalb fühlen sich Kleinkinder unter Kleinkindern wohl. Jugendliche unter Jugendlichen und Erwachsene unter Erwachsenen ... nur wegen der Resonanz oder gleichen Entwicklungsstufe. Und ebenso verhält es sich bei eurer spirituellen Entwicklung, das heißt Häutung. Es gibt sie nur scheinbar, diese verschiedenen Entwicklungs- beziehungsweise Erneuerungsstufen.

Bedenkt hierbei immer, dass ihr in Wahrheit alle
– egal, wie der äußere Schein es vortäuscht –
voll entwickelte Seelen seid!

Es gilt nur, eure Häute abzulegen. Das bezeichnet ihr als: „Ich bin auf dem Weg“ ... Dann passt auf – seid wachsam, damit ihr nicht vom Weg abkommt!

Euer Weg muss euch weiter nach innen führen,
wenn ihr auf dem für euch richtigen Weg seid!

Es gibt so viele Wege! Breite Wege, schmale Wege, Abkürzungen, Umwege, Sackgassen, Hohlwege, steile Wege, flache Wege ...

Sucht euch immer
den für euch selbst passenden Weg heraus!
Immer den für euch passenden Weg.

Genau so, dass ihr eure Häute so schnell wie möglich, aber auch so achtsam wie nötig ablegen könnt. Und es ist jedes Mal wie eine Überraschung für euch, was sich so alles unter euren abgelegten Schichten verbirgt. Manchmal legt ihr eine glitzernde Haut ab und darunter verbirgt sich eine weniger glitzernde Haut. Das irritiert euch sehr. Denn ihr habt oftmals die Erwartung, dass sich alles gleich bleibend entwickelt. Aber so ist es nicht. So, wie euer Weg war, euch all diese Häute 'anzuziehen', so zieht ihr sie jetzt wieder aus. Alles, was je war, wird nun wieder zum Vorschein kommen. Natürlich nicht in der gleichen Form. Ihr sagt dazu: Es muss noch einmal angeschaut werden. Diesmal jedoch mit einem gewissen Abstand, der euch erkennen lässt, dass ihr nicht mehr der seid, den diese Haut vorgibt zu sein.

Also identifiziert euch nicht mehr mit euren Häuten,
das heißt Äußerlichkeiten.
Legt sie alle ab,
damit euer wahres Selbst erstrahlen kann.

Und euer wahres Selbst ist strahlender und schöner,
als ihr euch das vorstellen könnt,
wenn es noch von Schichten alten Denkens umlagert ist.

Deshalb erneuert euer Denken stetig!
Bleibt nicht mehr stecken.

Das Leben bedeutet Entwicklung
– hin zu eurem wahren Selbst –
hin zu eurer eigenen Göttlichkeit.

Ich begleite euch gerne.

Aber ablegen *wollen* müsst ihr eure Häute selbst!

Es geschieht alles ohne Zwang.
Alles zum richtigen Zeitpunkt.
Freiwillig.
In Liebe.

Babaji

Ausdauer

Aus-dauer: Es dauert, solange es dauert. Bis es aus-ge-dauert ist, das heißt, bis es fertig ist.

Ausdauer bedeutet, etwas Angefangenes auch bis zur Vollendung zu bringen. Es aus-zu-dauern. Das beinhaltet Geduld und ebenso Hingabe an das, wofür man die Ausdauer braucht. Das kann alles Mögliche sein. Hier möchte ich jedoch speziell auf eure eigene innere Entwicklung eingehen. Wenn ihr begonnen habt, den Weg – euren eigenen Weg – nach innen zu gehen, so bedarf es purer Ausdauer, bis das Ziel erreicht ist. Was ist das Ziel?

Das Ziel ist, euch vollkommen zu entwickeln,
das heißt buchstäblich,
euer eigenes Höheres, Wahres Selbst zu entdecken.
Ihr bezeichnet es auch als ‘die Erleuchtung erlangen’.

Das ist nur möglich mit Ausdauer.

Ausdauer beinhaltet:
Geduldiges Vertrauen, Hingabe
und ständiges Bemühen,
um das gewünschte Ergebnis zu erzielen.
Das ist eines der wichtigsten Attribute
auf eurem spirituellen Weg.

Ohne Ausdauer ist kein anhaltender Fortschritt möglich.

Wie oft habt ihr schon etwas begonnen in eurem Leben und es dann halbherzig nicht bis zum Ende gebracht? Einfach deshalb, weil es euch zu lange gedauert hat! ‘Zu-lange-dauern’ bedeutet, ihr habt aufgegeben! ‘Aus-dauern’ bedeutet, ihr erreicht euer Ziel. Erkennt ihr den Unterschied? Das Gefühl von ‘zu-lange-dauern’ entsteht immer dann, wenn ihr etwas beginnt, ohne die nötige Liebe und Geduld aufzubringen, es fortzuführen.

Überlegt euch also ab jetzt gut, was ihr wirklich wollt.

Denn, wenn ihr etwas wirklich wollt, so habt ihr Freude an der Ausführung und entwickelt die notwendige Ausdauer, um mit Geduld und Hingabe euer wahres Ziel zu erreichen. Wenn euch etwas 'zu-lange-dauert', so befindet ihr euch meist auf einem Weg, der euch sowieso nicht zusagt. Schaut also genau hin, womit ihr eure Zeit verbringt. Zerstreut euch nicht mehr mit Dingen und Angelegenheiten, von denen ihr das Gefühl habt, das ihr nicht genügend Ausdauer habt, dabei zu bleiben.

Wie sieht es aus mit euren spirituellen Praktiken? Gehört ihr zu denen, die mal hier und mal dort zu einem Seminar gehen und dort sofortige Ergebnisse erwarten und, falls diese dann nicht sofort eintreffen, wieder die erlernte Technik nicht anwendet und lieber zum nächsten Seminar rennt?

Findet eine Technik – eine Meditationstechnik –, die euch wirklich zusagt! Und dann bleibt bei dieser – ausschließlich bei dieser. Mit Ausdauer. Denn diese, die ihr mit Geduld und Hingabe übt – jeden Tag praktiziert –, wird euch zum Ziel führen. Sicherlich bleibt die Technik nicht die gleiche wie anfangs. Auch sie hat sogenannte Entwicklungsstufen. Aber auf die 'höheren Stufen' könnt ihr nur gelangen, wenn ihr bei einer Methode bleibt.

Wie ihr sie finden könnt, ist nicht schwierig. Ihr müsst einfach nur auf euer Herz hören und dann in aufrichtiger Selbstanalyse darauf achten, wie eure Ausdauer beschaffen ist. Wendet ihr die Technik täglich an? Was habt ihr dabei für Gefühle? Macht euch diese Technik froh? Bringt sie mehr Freude in euer Leben? Oder seid ihr noch immer auf der Suche nach der geeigneten Technik? Es gibt so viele Seminare zur Zeit auf der Erde wie noch nie zuvor!

Wählt sorgsam aus, was euch anzieht!

Wenn ihr etwas nur halbherzig wollt,
so ist es nicht das Optimale für euch.

Wenn es euch jedoch wie ein Magnet anzieht,
dann erlernt genau diese Technik.
Und dann bleibt dabei.
Mit Ausdauer.

Denn Ausdauer bedeutet, dass ihr wirklich so lange praktiziert, bis ihr es aus-ge-dauert habt, das heißt, bis ihr es beendet habt – in diesem Fall, dass ihr euch so weit entwickelt, dass ihr euer eigenes strahlendes Wahres Selbst wahrzunehmen vermögt.

Ohne Ausdauer ist kein Erfolg möglich!

Viele Methoden nebeneinander oder vermischt, aber unregelmäßig anzuwenden, stiftet doch nur Verwirrung in euch! Verwirrt seid ihr schon genug gewesen. Entwirrt euch! Entscheidet euch für einen Weg! Wie wollt ihr denn auf zwei Wegen gehen, wenn ihr euch nicht zerteilen wollt? Das ist nicht möglich. Je mehr Wege – desto mehr zerteilt ihr euch. Das ist ineffektiv. Natürlich schaut es von außen so aus, als würdet ihr auf vielen guten Wegen unterwegs sein, doch wendet als Vergleich ein einfaches Beispiel an, um zu verstehen, was ich sagen will:

Ihr steht vor einem Berg. Wollt auf den Gipfel gelangen? Es gibt mehrere Wege dort hinauf. Einen steilen, geradlinigen. Auch einen serpentinenförmigen, bequemeren. Dann noch welche, die mal bergan, mal wieder bergab führen. Wie aber wollt ihr es anstellen, mehrere Wege gleichzeitig zu gehen? Wollt ihr etwa euren Körper zerteilen? Ihr müsst euch für einen Weg entscheiden, wenn ihr ans Ziel gelangen wollt. Falls ihr den steilen Weg gewählt habt, um möglichst schnell auf den Gipfel zu gelangen, so braucht ihr die notwendige Ausrüstung dazu! Nämlich Ausdauer. In diesem Fall auch gutes Schuhwerk, das bedeutet: eine geeignete Methode im übertragenen Sinne.

Natürlich könnt ihr auch immer noch andere Wege wählen. Aber niemals könnt ihr mehrere Wege gleichzeitig gehen. Ihr könnt euch nicht zerteilen ... Und ebenso solltet ihr es auch auf eurem spirituellen Weg beherzigen: Zerteilt euch nicht!

Fokussiert eure Kraft auf einen Weg – euren Weg.
Mit der nötigen Ausdauer könnt ihr euer Ziel erreichen.

OM NAMAH SHIVAYA

Ordnung

Alles unterliegt einer göttlichen Ordnung. Jedes kosmische Gesetz hält sich daran. Das Universum ist folglich keine chaotische Zusammenstellung von Zufällen (ansonsten würde es nicht bestehen bleiben können). Alles ist geordnet. Ihr könntet sonst keine physikalischen Gesetzmäßigkeiten lehren. Sie sind beständig und unterliegen der göttlichen Ordnung. Auch euer Körper funktioniert nach diesem Prinzip. Euer Herz schlägt, und alle Funktionen im Körper laufen (insofern ihr gesund seid) in göttlicher Ordnung ab. Ihr braucht euch nicht darum zu kümmern, dass ihr am Leben seid. Ihr seid es einfach, weil der Körper einem Gesetz unterworfen ist, welches ihn eben genauso am Leben erhält.

Ihr solltet ebenso Ordnung in euer Leben bringen!

Wie viel Zeit verbringen manche von euch damit, Dinge zu suchen, nur weil sie alles auf 'später' verschieben! Warum schränkt ihr euch selbst so ein? Alles hat seinen Platz im Universum. Haltet euch vor Augen, dass ihr das ebenso in eurem Leben anwenden könnt – insofern ihr es wollt. Beginnt damit, alle Gegenstände, die ihr benutzt, sofort nach Gebrauch an ihren Platz zu legen, von dem ihr wisst, dass ihr dann später nicht nach ihnen zu suchen braucht. Insbesondere gilt das für die Dinge des täglichen Gebrauchs. Wenn ihr mit Papier (Akten) zu tun habt, dann ist es besonders wichtig, von Anfang an Ordnung zu halten. Denn sonst müsst ihr euch erst jedes beschriebene Blatt anschauen, um das zu finden, welches ihr sucht. Haltet Ordnung. Heftet alles dorthin, wo ihr es auch finden könnt. Nehmt euch ein Beispiel an eurem Körper. Stellt euch vor, er würde vergessen, wo seine Hände gerade sind. Dann hättet ihr ziemliche Probleme! Oder er müsste erst seine Füße suchen, um dann irgendwohin zu gehen. Oder er hätte vergessen, wohin er seine Augen gelegt hat ... Wohl ein makaberes Beispiel, aber ich denke, so begreift ihr sehr effektiv, was ich meine.

Spart nicht Zeit, sondern nutzt sie einfach nur effektiv, indem ihr Ordnung in euer Leben bringt – ebenso auch in euren Tagesablauf. 'Zeitmanagement' ist das Modewort hierfür. Die Leiter der großen Konzerne haben es erkannt. Sie lassen ihre Mitarbeiter schulen.

Also schult euch selbst.
Achtet darauf, wobei ihr euch immer wieder verzettelt.

Ver-'zettel'-t. Schon dieses Wort erklärt alles. Merkt euch also, wohin ihr eure 'Zettel' legt, damit ihr sie nicht zeitaufwändig suchen müsst, wenn ihr sie braucht. Hört damit auf, irgendetwas zu verschieben. Denn diese sehr verbreitete Angewohnheit ist es, die euch so ineffektiv arbeiten lässt. Ständig seid ihr auf der Suche nach Dingen, die ihr nicht sofort aufgeräumt, beziehungsweise erledigt habt ... und nur deshalb, weil ihr es verschoben habt.

Warum tut ihr das?
Aus Bequemlichkeit glaubt ihr?
Aber ist es bequem, soviel Zeit zu investieren,
um dann alles zu suchen?

Räumt auf! Bringt Ordnung in euer Leben.
In jeden Aspekt eures Lebens.

Entrümpelt – somit habt ihr täglich weniger aufzuräumen.
Heftet alle 'Zettel' ab – dann wisst ihr, wo ihr sie findet.
Diese sofortigen Mühen bescheren euch
ein angenehmeres, fließenderes Leben.

Denn ihr braucht nicht ständig nach irgendwelchen Dingen zu suchen, wenn ihr wisst, dass sie aufgeräumt, beziehungsweise erledigt sind. Somit habt ihr automatisch viel mehr Zeit für eure Entwicklung zur Verfügung.

Beginnt euren Tag mit Meditation.
Jeden Tag.

Es müssen feste Zeiten sein. Damit kommt ihr am besten klar, weil es dem Prinzip der göttlichen Ordnung entspricht. Natürlich ist das Universum nicht starr. Aber stellt euch vor, die Sonne würde machen, was sie wollte. Oder die Erde hätte keine Lust, 'sich weiter zu drehen'? Dann würdet ihr in ziemliche Schwierigkeiten geraten. Versteht ihr es?

Ordnung ist eine große Hilfe auf eurem Weg!

Ordnung spart Zeit und Nerven. Beobachtet euch selbst, wie viel Zeit ihr damit verschwendet, nach etwas zu suchen, nur weil ihr zu faul gewesen seid, es gleich wegzuräumen, beziehungsweise zu erledigen. Außerdem habt ihr dann den ständigen emotionalen Druck – meist *Rücken*beschwerden –, weil etwas auf euch lastet. Unerledigte Dinge bed*rücken* euch!

Also steht auf, reißt euch zusammen
und erledigt all eure unerledigten Dinge,
damit ihr ein angenehmeres Leben führen könnt.

Schiebt nichts mehr auf und nichts mehr weg.

Bringt Ordnung in euer Leben.

Hingabe

Hin-gabe. Gebet hin.
Das ist Gebet.

Schaut euch diese Worte genau an: Hin-geben. Gebt alles. Gebt euer Ganzes. Nur dann, wenn ihr euch einer Sache oder einem lebendigen Wesen ganz widmet – ganz hingebt, könnt ihr wirklich etwas bewirken. Nur, wenn eure ganze Aufmerksamkeit gezielt auf einen Punkt konzentriert ist, ist es so wirksam, wie ihr es gerne hättet. Wie bei einer Gießkanne. Wenn ihr die Brause abnehmt, habt ihr einen gezielten Strahl. Wenn ihr die Brause darauf gebt, so zerstreut ihr das Wasser. Es kann nicht mehr gezielt auf einen Punkt einwirken. Mit der Wasserbrause braucht ihr länger, um die Kanne zu leeren. Wir sprechen jetzt von Bewässern eines Baumes. (Ihr solltet nicht auf zarte Pflänzchen eine ganze Kanne Wasser gezielt ausschütten.)

Ebenso verhält es sich auch mit euren Gedanken. Wenn ihr einen starken Baum haben wollt, so müsst ihr das Pflanzloch bewässern, gezielt. Es sieht sogar so aus, als würdet ihr es überschwemmen, aber das ist notwendig, damit die Erde und der Baum eine Fusion eingehen können, damit die Verbindung zwischen der Erde und den Wurzeln des Baumes *ganz* geschehen kann – ohne Luftblasen dazwischen.

Genauso verhält es sich, während ihr euren Geist auf Meditation ausrichtet. Gebt euch ganz hin, damit sich die Erde und Wurzeln des Baumes – sinngemäß: euer Ursprung und euer Selbst – *ganz* vereinen können. Lückenlos.

So verhält es sich in allen Bereichen eures Lebens.
Nur das, worauf ihr eure ganze Aufmerksamkeit richtet,
kann wirklich gut gedeihen.

Fragt einen Gärtner. Es genügt nicht, ein Samenkorn in die Erde zu geben und sich dann nicht mehr darum zu kümmern! Vielleicht habt ihr Glück und es regnet bei der Saat, vielleicht wächst das Pflänzchen auch heran, vielleicht ist der Sommer nicht zu trocken, vielleicht, vielleicht, vielleicht auch nicht ... Wenn ihr sät, so solltet ihr euch auch um eure Saat kümmern. Stetig und mit Hingabe. Schaut nach, wie es dem Sprössling geht, was er braucht, um zu einem großen Baum heranzuwachsen. Besonders jene Bäume, die nicht in ihrer natürlichen Umgebung heranwachsen, sind äußerst empfindlich. Schaut euch einmal an, wie viele Samen ein einziger Baumriese hervorbringt! Doch nur wenige schaffen es, aufzugehen und, ganz so wie der Baum, auch zum Baum zu werden. Ihr Selbst seid die Saat. Aus euch kann ein solcher Baumriese werden, wenn ihr achtsam seid. Wenn ihr es voller Hingabe wünscht, solch ein Baum zu werden. Wenn ihr euch selbst die dafür geeigneten Bedingungen erschafft.

Ihr könnt nur Selbstverwirklichung erreichen,
wenn ihr es absolut und vollkommen wollt.
Mit all eurer Kraft, all eurer Ausdauer
und vor allem: all eurer Hingabe.

Lest euch alles in diesem Abschnitt noch einmal durch. Solange, bis ihr es verstanden habt. Es scheint wirr zu sein. Doch wer es mit Hingabe liest, das heißt, wer es wirklich vollkommen verstehen und verinnerlichen will, der wird es sofort verstehen, wenn er es mit vollkommener Hingabe liest.

Die Wahrheit ist oftmals nicht gleich offensichtlich. Nur durch wahre Hingabe und wahres Wollen ist sie zu erkennen. Sie spielt gerne Versteck mit euch. Und wer nicht gründlich genug nach ihr sucht, kann sie nicht finden.

Bitte nehmt meine Aufforderung zu diesem Spiel an. Lest diesen Abschnitt einfach so lange, bis ihr ihn verinnerlicht habt.

Ihr seid alle göttlich. Doch nur durch Hingabe an das Göttliche seid ihr in der Lage, euch selbst zu erkennen. Es ist von sehr großer Wichtigkeit, diesen Abschnitt des Buches nicht oberflächlich zu behandeln.

Wählt selbst.
Gebet euch hin oder bleibt oberflächlich.
Ganz, wie ihr wollt.

Jede Entscheidung, die ihr trefft,
trefft ihr mit eurem freien Willen.

Euer freier Wille wird jederzeit geachtet. Jederzeit.

Ich biete euch hier eine Hilfe an, euch schneller zu entwickeln, gezielter. Ihr habt immer die Wahl! Immer. Niemand kann euch irgendetwas vorschreiben, was ihr denken sollt! (Obwohl mit Medikamenten herumexperimentiert wird.)

Gebraucht euren Verstand.
Gebraucht ebenso euer Gefühl.
Werdet wieder ganz.

Denn ihr seid in Wahrheit
schon ganze, vollkommene wundervolle Wesen.
Liebe und Licht.

Gebet euch hin der Liebe.
Nur durch Liebe ist wahre Hingabe möglich.

Es gibt keinen wirkungsvolleren Weg
als den der wahren Hingabe in Liebe.

Babaji

Glauben

Glauben: Ein stark strapaziertes Wort in der westlichen Welt. Die, die glauben, wissen nicht genau, ob sie offen lieber sagen sollten, dass sie nicht glauben. Denn die, die nicht glauben, belächeln die, die glauben. Was aber Glauben wirklich ist, kann kaum mehr jemand erklären.

Es ist auch sehr schwierig, etwas zu erklären, von dem man glaubt, dass es ist, aber noch keine wissenschaftlichen Beweise vorliegen. Denn fast schon könnte man behaupten, die meisten Menschen der westlichen Kultur glauben an die Wissenschaft.

Bedenkt jedoch, dass Wissenschaft immer veränderlich ist. Denn sie ist es, die Resultate hervorbringt, die sowieso bestehen, ob sie nun wissenschaftlich bewiesen sind oder nicht. Den Naturgesetzen ist es egal, ob sie nachgewiesen werden. Sie wirken so oder so. Ich will nicht eure Wissenschaftler herabwürdigen, aber euch auch sagen, dass vieles, was noch nicht bewiesen ist, dennoch existiert.

Nehmt einen Blitz am Himmel. Den könnt ihr sehen. Ihr wisst um seine Kraft, aber noch ist es niemandem gelungen, eine Maschine zu bauen, die diese Kraft einfangen und nutzen kann. Dennoch ist die Kraft nicht zu leugnen. Die These besagt, dass ein Blitz allein durch physikalische Gesetze entsteht. Glaubt ihr das? Oder habt ihr große Ehrfurcht vor einem Blitz, wenn er ganz nah bei euch niedergeht? Irgendetwas ist da spürbar, was ihr eben nicht erklärt bekommen könnt. Jedoch in eurem tiefsten Inneren wisst ihr es alle. Ihr wisst, dass es eine Kraft hinter der Kraft gibt. Eine Kraft, die alles erhält. Nennt diese Kraft, wie immer ihr sie nennen wollt. Aber lasst euch nicht länger täuschen von der Wissenschaft. Sie steckt noch in den Kinderschuhen. Das könnt ihr leicht daran erkennen, wie oft sich die Forschungsergebnisse ändern.

Forschung – was ist das? Es ist eine Art Suche nach sichtbaren Erklärungen für das, was ist. Aber um etwas zu erforschen, muss man dort ansetzen, wo man auch die Ursache für das, was man erforschen will, finden kann. Und auch hier – die Angewohnheit in eurer Zivilisation: Ihr forscht im Außen. Ein Stück weit könnt ihr voran kommen. Auch wenn ihr das, was ihr Atomkerne nennt, noch und noch zerlegt – wie wollt ihr Geist zerlegen? Wie wollt ihr es anstellen, eure Gedanken zu zerlegen? Sogar dafür gibt es unzählige Apparate mit unzähligen Messmethoden. Doch auf diese Weise werdet ihr niemals zu wahren Resultaten kommen.

Denn alles, was ihr sucht,
könnt ihr nur in eurem eigenen Inneren finden.
Ein jeder für sich selbst.

Erforscht selbst euer eigenes Inneres! Dann braucht ihr nirgendwo Projektanträge zu stellen, um an Forschungsgelder zu kommen! Denn all das braucht ihr nicht. Ihr braucht nur euren Willen, euch selbst erforschen zu wollen. Sobald ihr euch dessen sicher seid, fängt die Kraft, die hinter der Kraft steht, sofort zu wirken an. Diese Kraft, die für die moderne Wissenschaft unerforschbar ist, wird euch selbst helfen. Diese Kraft wird sich euch nach und nach immer mehr offenbaren. In eurem Inneren.

Nach außen hin wird sich dadurch vieles in eurem Leben ändern. Ihr werdet gelassenere, glücklichere, fröhlichere Menschen, denn ihr wisst, dass ihr endlich nach dem forscht, was Wahrheit ist. Ich nenne diese Kraft: Gott. Viele nennen sie auch: Allah. Manche nennen sie: Das Höhere Selbst. Andere sagen: Die Kraft hinter der Kraft oder: Die Kraft, die alles erhält. Oder aber: Der Schöpfer.

Es ist nicht wichtig, wie ihr diese Kraft nennt,
denn sie ist namenlos, unergründlich und tief.
Wichtig ist nur,
dass ihr diese Kraft in eurem eigenen Inneren spürt.

Nur durch eigene Erfahrungen seid ihr fähig, der Wahrheit näher und näher zu kommen. Von außen eingetrichtertes Wissen hilft euch nicht weiter. Habt ihr jemals hinterfragt, was ihr gelehrt bekommen habt? Wenn ihr das wirklich getan hättet – als Kind habt ihr noch viele unbeantwortete Fragen gestellt –, so wäret ihr sehr schnell zu einem Schluss gekommen, dass da irgendetwas Undefinierbares ist, was alles am Leben erhält.

Wissenschaftler vor fünfzig Jahren haben sich schon genauso klug gefühlt wie die heutigen Wissenschaftler. Mit dem Unterschied, dass die Wissenschaftler von heute daran arbeiten, die Ergebnisse der Wissenschaftler von gestern zu erweitern oder zu widerlegen. Und so wird es immer weitergehen. Nämlich: Weil das total logisch ist, weil alle bisherigen Forschungsergebnisse es nicht vermocht haben, die absolute Wahrheit zu offenbaren. Ändert die Methoden! Weg von den Maschinen – hin zu eurem eigenen Energiesystem! Ändert die Richtung! Von außen nach innen.

Alles, was ihr braucht, ist Glaube.
Glaubt daran,
dass das, was ihr da in eurem Inneren fühlt, wahr ist.
Es ist so wichtig für euch,
euch wieder auf euch selbst zu besinnen.

Hört auf damit,
euch von anderen deren Weltbild aufdrücken zu lassen!

Hört auf das, was tief aus eurem Inneren kommt!
Das ist die Wahrheit.
Dort könnt ihr die absolute Wahrheit wahrnehmen.
Nirgendwo anders.
Alles Äußere sind nur Erscheinungsformen der Wahrheit.

Glaubt an euch selbst!

Glaubt endlich wieder an das,
was in eurem Inneren verborgen ist.
Da ist die Wahrheit – der Ort, an dem ihr suchen müsst.
Dort sind alle Antworten auf alle Fragen,
die ihr habt, zu finden.

Glaubt an euch!

Ihr seid alles göttliche Wesen.
Erkennt, dass das die Wahrheit ist.
Beginnt bei euch selbst – in euch selbst – zu suchen.
Alles weitere wird dann mühelos
und spannend in eurem Leben sein.

Alles beginnt mit eurem Glauben!

Wissenschaft ist noch lange keine Weisheit – und erst aus der Weisheit entsteht der feste Glauben. Denn alles entsteht durch Erfahrungen. Warum benutzt ihr nicht eure eigenen Erfahrungen? Sie lehren euch viel mehr als das, was in wissenschaftlichen Büchern steht! Und sie lehren es euch auf viel einfachere Weise.

Wenn ihr wisst – aus eigener Erfahrung –, dass es wehtut, wenn ihr auf eine heiße Herdplatte fasst, dann reicht diese einmalige Erfahrung aus. Ihr würdet es danach bestimmt absurd finden, noch hundertmal zu testen, ob es jedes Mal wehtut –, um es dann in eine Statistik einzutragen, um später eine wissenschaftliche Abhandlung darüber zu führen, dass mit einhundertprozentiger Genauigkeit feststeht, dass es wehtut, auf eine heiße Herdplatte zu fassen. Vielleicht macht ihr diese Tests sogar noch bei je einem hundertstel Grad Unterschied wieder einhundert Mal. Rechnet selbst aus, wie viele Tests und Zeit ihr investieren müsstet – und wie viele Hände! Denn eure eigenen würdet ihr bereits schon nach der ersten Erfahrung nicht mehr dazu benutzen wollen.

Deshalb sind eigene Erfahrungen auch so viel wirkungsvoller. Ihr wisst es, dass es so ist – das genügt vollkommen. Darum ist es auch nicht möglich, die Kinder vor etwas zu warnen, was man selbst als unangenehm erlebt hat. Erst, wenn sie selbst diese Erfahrung gemacht haben, dann werden sie euch glauben.

Und ebenso könnt ihr euren eigenen Glauben vertiefen, indem ihr eigene Erfahrungen macht.

In Meditation ist es euch am schnellsten möglich, eure eigene Göttlichkeit zu erfahren. Dadurch erst beginnt ihr, *wahrhaftig* zu glauben.

Und diesen Glauben kann euch niemand nehmen, denn er entspringt eurer eigenen Erfahrung.

Glaubt an euch!

In Liebe

Babaji

Dunkle Energien

Woran erkennt ihr die Energie, die ihr als dunkel bezeichnet? Es ist sehr einfach: An euren Gefühlen erkennt ihr sie. Ihr fühlt euch augenblicklich schwer, traurig, müde, vielleicht sogar frustriert, enttäuscht ... Doch warum? Weil ihr noch nicht erkannt habt, dass alles, was ist, Gott ist. Alles. Dunkel und hell; gut und böse; schwarz und weiß; richtig und falsch ...

All diese Dualitäten
existieren in Wahrheit nicht auf diese Weise,
wie ihr sie wahrnehmt.
Denn alles ist Gott.

Gott ist Liebe. Bedingungslose Liebe.

Das ist das Thema, was am schwierigsten zu erklären ist, weil ihr immer noch Probleme damit habt, anzuerkennen, dass ihr *alles* seid! Wenn Gott *alles* ist – wie könntet ihr dann etwas anderes sein? *Alles*. Und darum schließt *alles* ebenso die Energien, die ihr als dunkel empfindet, mit ein. Was ist zu tun? Nichts: Die einzige Möglichkeit, die ihr habt, ist, diese Wahrheit anzuerkennen, das heißt anzunehmen. Wenn ihr *alles*, aber auch *alles* in euer Leben integriert, so könnt ihr erkennen, dass *alles* in Wahrheit aus Liebe erschaffen ist.

Denn *alles*, was ihr annehmt
wirklich und wahrhaftig annehmt –
kann nichts anderes mehr sein als Liebe.

(Obwohl es vorher so aussah, als sei es keine Liebe.)

Ihr seid hier auf dieser Erde, um zu wachsen. Um zu erkennen, wer ihr wirklich seid. Und das Besondere an diesem Planeten ist das Spiel der Dualität. Es sieht für euch scheinbar so aus, als würde es wirklich dunkle Energien geben. Ihr könnt sie so deutlich fühlen, dass ihr an ihre Existenz glaubt. Und hier – genau hier ist euer Ansatz:

Alles, was ihr glaubt, geschieht.
Jeder Gedanke muss sich manifestieren.

Und wenn ihr es zulasst, daran zu glauben, dass dunkle Energien existieren, dass sie Macht über euch haben, so muss demzufolge auch dergleichen geschehen. Im Spiel der Dualität ist es möglich, euch alles, was ihr denkt, fühlen zu lassen. Alles. Und das geschieht. Bewusst oder unbewusst. Wenn ihr also immer noch Angst vor dunklen Energien habt, so glaubt ihr an sie. So habt ihr noch nicht ganz verinnerlicht, dass in Wahrheit alles aus Liebe erschaffen ist, und somit nur Liebe sein kann. Was also habt ihr für Möglichkeiten? Nur eine einzige! In Liebe *alles* annehmen. *Alles.* Wenn es euch auch scheinbar noch so schlimm – ihr nennt es auch 'energetisch noch so niedrig' – erscheint:

Es ist Liebe, die sich versteckt hat,
damit ihr die Gelegenheit habt, sie zu vermissen,
um sie dann überall zu suchen.
Solange, bis ihr erkennt, dass es nichts außer Liebe gibt.

Gott ist Liebe – alles ist aus Liebe erschaffen.
Wie also könnte es irgendetwas anderes geben?

Habt ihr die Tiefe dieser Wahrheit wahrgenommen? Es geht hier, auf diesem Planeten Erde, darum, dass ihr die Liebe in allem und allen erkennt. In allem! Buchstäblich in allen und allem. Nur eure Neigung, zu urteilen, hält euch davon ab, dieses Konzept wirklich zu begreifen. Und je tiefer ihr noch verstrickt seid im Spiel der Dualitäten, desto schwieriger ist es für euch, diese Worte wirklich zu verstehen. Es gibt kein Dunkel. Es gibt kein Hell. Es gibt nur Liebe. Verlasst euch nicht mehr so sehr auf eure äußeren Sinne. Sie sind es, die dafür erschaffen wurden, dass ihr überhaupt im Spiel der Dualität mitspielen könnt. Sie gaukeln euch vor, dass all diese Gegensätze existieren. Wenn ihr jedoch den Willen habt, die Wahrheit sehen zu wollen, dann müsst ihr euch mehr und mehr nach innen orientieren.

Euer Wahres Selbst liebt alles.
Bedingungslos.
Weil es weiß, dass dieses Spiel,
diese Täuschung der Maya, nicht wirklich existiert.

Es ist nichts anderes, als würdet ihr 'Mensch (!) ärgere dich nicht' spielen. Der Unterschied besteht einfach nur darin, dass ihr euch bei diesem Brettspiel bewusst seid, dass ihr spielt. Und selbst bei einem solchen Brettspiel – obwohl ihr genau wisst, dass es nur ein Spiel ist – verfallt ihr in Emotionen, weil ihr immer lieber gewinnen als verlieren wollt. Jeder will der Erste sein oder derjenige, der am besten würfelt, und so weiter ... Nicht einmal, wenn ihr dieses 'Mensch (!) ärgere dich nicht' -Spiel spielt, erkennt ihr, dass es nicht wirklich ist. Wie wollt ihr dann erkennen, dass ihr hier auf der Erde ein ebensolches Spiel spielt – in größerem Maße? Es ist nicht ganz so einfach, wie zu erkennen, dass ihr gerade ein Brettspiel spielt, aber: Es ist euch immer möglich, die Täuschung von Maya zu durchschauen, wenn ihr es wirklich wollt.

Beendet ihr das Brettspiel, so bleiben oft dennoch eine Weile die gelebten Emotionen bestehen. Bis ihr sagt: „Was soll's! Das war doch nur ein Spiel." Danach nehmt ihr euch sinnbildlich wieder in die Arme und liebt euch, obwohl ihr im Brettspiel scheinbare Gegner gewesen seid. Und das Gleiche gilt es jetzt für euch im gesamten täglichen Leben zu erkennen. Alles, was ihr fühlt, ist nur aus einem einzigen Grund da: Damit ihr es auflöst.

Das bedeutet: Damit ihr erkennt, dass es nicht echt ist, sondern zum göttlichen Spiel gehört. Solange, bis ihr fähig seid, in allem nur noch Liebe zu erkennen. Vielen von euch scheint das noch nicht möglich. Aber denkt an 'Mensch (!) ärgere dich nicht' und ärgert euch wirklich nicht mehr.

Heißt jedes Gefühl willkommen, was ihr habt,
nehmt es in Liebe an,
damit ihr genau diese Erfahrung
nicht noch einmal machen müsst.

Es folgen andere Erfahrungen. Ihr tragt somit Schicht um Schicht eurer illusionären Täuschung selbst ab. Darum bedarf es großer Wachsamkeit und großen Mutes, allem in die Augen zu sehen, um zu erkennen, dass es allem äußeren Anschein zum Trotz aus Liebe erschaffen ist und somit nichts anderes als Liebe sein kann. Also: Geht mit einem neuen Bewusstsein in euer Leben – mit dem Bewusstsein, dass ihr nur ein Spiel spielt, in dem es darum geht, zu erkennen, wer ihr wirklich seid.

Das ist das Ziel dieses Spiels auf der Erde:
Zu erkennen, wer ihr wirklich seid.
In allen äußeren Umständen die Liebe wahrzunehmen.
Wenn sie sich auch noch so gut versteckt hat,
niemals aufzugeben und immer und immer
nach ihr zu suchen.
In allem.

Und wenn ihr wahrhaft sucht, so werdet ihr finden.
Gebt nicht auf. Gebt alles.
Hingabe ist der Schlüssel, um die Liebe in allem wahrzunehmen.
Und ein fester Glaube daran, dass dem wirklich so ist.

Ihr spielt nur ein Spiel!
Werdet euch dessen immer mehr und mehr bewusst.
Nur so könnt ihr es durchschauen.
Seid mutig!
Es ist *alles* Liebe.

Alles.

Klang - Farbe - Licht – Form

Klang, Farbe, Licht und Form können nicht getrennt voneinander existieren. Wenn ihr glaubt, nur Klang zu hören, so geschieht das deshalb, weil ihr euch währenddessen nur auf ein einziges eurer vielen Sinnesorgane konzentriert. Es geschieht jedoch viel mehr, viel Subtileres, als äußerlich zu erfassen ist.

Klang ist Schwingung. Klang hat eine Form. Er ist vollkommen sichtbar auf einer anderen Bewusstseinsebene und drückt sich aus durch eine Form, die farbig ist. Und wie könnte Farbe ohne Licht sichtbar sein? Alles spielt zusammen.

Klang ist für eure Ohren wahrnehmbar. Farben sind für eure Augen wahrnehmbar. Licht ist für eure Nahrung wahrnehmbar. Formen sind für eure Hände wahrnehmbar. Da ihr euch jedoch meist nur auf eines eurer Sinnesorgane konzentriert – noch dazu auf die äußeren –, ist es euch nicht möglich, die Komplexität der Erscheinungen zu erfassen.

Jede Farbe hat einen Klang und eine Form im feinstofflichen Bereich. Jede Form hat einen Klang und ist farblich wahrnehmbar. Jeder Klang hat Formen und Farben. Alles spielt zusammen.

Deshalb ist es für euch viel leichter, wenn ihr den Klang nicht nur hört, sondern gleichzeitig mit euren Augen eine Farbe wahrnehmt. Eine in Form gebrachte Farbe ist zur Zeit noch sehr hilfreich, weil es den meisten von euch derzeit noch nicht möglich ist, komplex zu sehen, das heißt, alle Erscheinungen mit dem Dritten Auge wahrzunehmen.

Es ist so wichtig, dass ihr euch darauf besinnt.
Be*sinn*t euch auf eure *Sinne*!

Nicht immer nur auf einen. Einer allein vermag es nicht, euch die Komplexität zu vermitteln. Dadurch könnt ihr nur Bruchstücke wahrnehmen. Lernt es wieder, wahrhaftig wahrzunehmen.

Mit allen Sinnen, die euch zur Verfügung stehen. Und eure wahren Sinne befinden sich in eurem Inneren. Sie sind es, die die subtilen Energien (Farben + Formen + Licht + Klang oder Schwingung) aufzunehmen verstehen. Und das Wunderbare dabei ist, dass eure inneren Sinne vollkommen funktionieren. Ihr müsst euch nicht auf eine Schwingung konzentrieren. Ihr nehmt sie so oder so komplett in euch auf. Wenn ihr euch jedoch aber noch zusätzlich darauf konzentriert, erlebt ihr es tiefer.

Klang = Schwingung. Das ist verständlich. Jeder, der auf einem lauten Konzert war, hat diese Aussage erfahren.

Farbe = Schwingung. Hier ist die Erklärung viel schwieriger. Wie wirken Farben auf euch? Jeder hat Lieblingsfarben und Farben, die er ablehnt. Sie wirken sich sofort und unmittelbar auf eure Stimmung aus. Was empfindet ihr bei Blitzlicht – was fühlt ihr bei Kerzenschein? Was bei einem Sonnenaufgang oder einem grauen Novembertag? Sie wirken also auf euch, die Farben. Das ist nun unumstritten. Sie wirken ebenso wie Klang.

Auch Formen schwingen. Ihr alle bevorzugt Formen. Wenn ihr euch Einrichtungsgegenstände oder Kleidungsstücke aussucht, so beeinflusst euch dabei immer auch die äußere Form. Aber die Form allein noch nicht. Wenn ihr euch für die Form entschieden habt, dann bestimmt ihr die dazugehörige Farbe. Die gleiche Form mit einer anderen Farbe hätte nicht dieselbe Wirkung auf euch.

Nehmt ein Beispiel: Vielleicht stellt ihr euch eure Küche in einem Farbton vor, den ihr sonst ablehnt. Oder die Farbe eures Autos mit einer anderen Form?

Geht jetzt bitte wirklich ein paar Beispiele gedanklich durch. Ihr werdet schmunzeln über die Einfachheit dieser Tatsache. Denn das bedeutet, dass Farben und Formen euch beeinflussen.

Farben und Formen gehören zusammen und ergeben zusammen mit Klang eine Frequenz – eine Schwingung. Und erst diese Schwingung ist es, die euch am meisten beeinflusst. Es ist sogar vollkommen egal, ob ihr diese Wahrheit jetzt anerkennt.

Es ist wie es ist. Es geschieht einfach, weil weder Farbe ohne Form, noch Schwingung ohne Form und Farbe, noch Farbe ohne Schwingung, noch Schwingung ohne Licht existieren könnten.

Farbe – Licht – Form – Klang
bilden eine Einheit.
Ihr nennt diese Einheit Schwingung.

Und damit das Universum nicht im Chaos versinkt, existieren Naturgesetze. Anhand dieses Beispiels bedeutet das, dass jede Farbnuance eine Schwingungsnuance ist, ebenso jeder Klang eine Schwingungsnuance ist. Dennoch ist jedem Ton eine Farbe und jeder Farbe ein Ton zugeordnet, die sich in feinstofflicher Form darstellen. Wahrnehmbar mit euren inneren Sinnesorganen.

Viele, die noch sehr in der Materie verhaftet sind, gehen in laute Rockkonzerte (obwohl diese Art Konzerte euch oftmals mehr schaden als nutzen). Dort sind die Schwingungen sehr deutlich wahrnehmbar durch äußere Sinnesorgane. Je feiner jedoch eure innere Wahrnehmung erfolgen kann, das heißt, je bewusster ihr euch eurer inneren Wahrnehmung seid, desto stetiger werdet ihr andere Schwingungen / Klänge bevorzugen. Und um euch dabei zu helfen, eure inneren Sinnesorgane wieder wahrzunehmen, gibt es dann solch wunderbare äußere Formen von Klangstäben und Klangschalen, die in Resonanz mit Farben und Schwingungen eures Inneren sind. Sie sind stimmig. Ein Rockkonzert kann aggressiv machen. Ein Konzert mit Klangstäben und Klangschalen macht euch auf subtile Art glücklich.

Das ist eine Tatsache, die ich euch auch bitte, auszuprobieren:

Achtet in eurem Tagesbewusstsein darauf,
wie Klang auf euch wirkt.

Übrigens werdet ihr sowieso überall mit Klang beschallt! Ganz besonders in Einkaufszentren beschallt man euch ständig, das heißt, man beeinflusst euch so subtil, dass ihr nicht einmal bemerkt, dass ihr beeinflusst werdet. Nun ist die Zeit für neue (alte) Formen – neue (alte) Urklänge, neue (alte) Farben. Nämlich: das Zusammenspiel zu erkennen – in eurem Inneren. Lasst euch nur noch von den Klängen (Schwingungen) beeinflussen, die ihr als angenehm empfindet, denn sie helfen euch. Aber Klänge, die euch aggressiv machen, die meidet bitte. Diejenigen von euch, die gerne Spielfilme anschauen, sollten sich einmal bewusst darauf konzentrieren, dass die 'Hintergrund-Musik' oft mehr, viel mehr wirkt, als die 'vordergründige Sprache'.

Werdet euch bitte in allen euren Lebensbereichen immer mehr bewusst, dass alles aufeinander wirkt.

Sucht euch also sorgsam aus,
womit ihr eure Ohren beschallt,
worauf ihr eure Augen richtet
und womit ihr eure Hände beschäftigt.

Seid wachsam!

Ihr könnt jeder selbst herausfinden,
was wie auf euch wirkt.

Beachtet ab jetzt auf*merk*samer euer eigenes Leben.

Beobachtet eure Muster:
Wie ihr auf Klang – Farbe – Licht –Form = Schwingung
reagiert.

Das ist übrigens eine interessante Beschäftigung.

Fülle

Fülle und Fühle ...
Ein Austausch von einem einzigen Buchstaben gibt diesem Wort eine andere Bedeutung.
Fülle fühlt man, indem man angenehme Gefühle hat. Also: Fühle die Fülle! Fühle sie, indem du andere beschenkst. Und diese Freude, die du beim Beschenken hast, breitet sich unweigerlich aus ins Universum. Ebendiese Freude, die du fühlst, wenn du andere beschenkst, ist Fülle. Und alles, was du aussendest, kehrt in vielfacher Form zu dir zurück! Das bedeutet:

Die Fülle entsteht durch Freude,
die du fühlst, wenn du andere beschenkst!

Denn du fühlst nicht nur
deine eigene Freude beim Geben,
du fühlst auch die Freude
von dem, der beschenkt wurde.

Eine wunderbare, leuchtende Energie breitet sich so um dich herum aus. Und ebendiese Energie ist es, die mehr von dieser Energie anzieht. Wenn du also Fülle (anderen) gibst, so kommt sie (zu dir) zurück. Vielfach!

Immer, wenn du gibst, so wirst du etwas dafür bekommen! Das muss nicht unmittelbar von der gleichen Person kommen – aber es geschieht. Auf diese einfache, freudebringende Weise ziehst du die Fülle und Freude in dein Leben, die du spürbar fühlen kannst.

Es genügt also nicht, nur zu denken: „Das Leben ist Fülle.“ Obwohl es die Wahrheit ist! Aber das Denken allein liefert noch nicht die dazugehörigen starken Emotionen. Das starke Gefühl der Fülle entsteht am leichtesten, wenn du selbst gibst. Geben kann alles Mögliche sein. Auch, wenn du für jemanden eine Arbeit verrichtest oder ihn liebevoll in die Arme nimmst, gibst du. Wenn du dann

Dankbarkeit – sei es in Form eines strahlenden Lächelns – erntest, so hast du Fülle geerntet. Fülle ist immer fühlbar – als Emotion der Freude.

Auch wenn du mit Liebe ein Geschenk für jemanden aussuchst und es ihm gerne – von Herzen – gibst, so ziehst du ebensolche Fülle an. Schenkst du jedoch jemandem etwas mit dem Gefühl von: „Naja, verdient hat der es ja nicht, aber es gehört sich eben so!“, dann hast du hierbei keinerlei Emotionen von Freude. Wie also willst du dann Freude anziehen? Wenn du die Emotionen von ‘der hat es nicht verdient’ aussendest, so bekommst du ebendiese, deine(!), Information zurück. Auch vielfach!

So einfach funktioniert das Gesetz des Lebens.
Was du säst, das erntest du.
Immer!

Es muss nicht sofort sein. Aber du erntest es! Bedenke jetzt immer, wenn du gibst, ob das, was du geben willst, von deinem Herzen aus gerne geschieht. Oder ob du es nur tust, weil es von dir erwartet wird. Handle so, wie dein Herz es dir sagt. Und selbst, wenn du jemandem ‘dein letztes Hemd’ gibst, so hat es derjenige vielleicht in genau diesem Moment nötiger als du. Vielleicht ist ihm gerade kalt und dir ist warm. Also brauchst du das ‘letzte Hemd’ in eben diesem Augenblick nicht. Ebenso wirst du auf solch wunderbare Weise wieder beschenkt werden. Du kannst nicht wissen, wie und wann. Aber sei dir sicher, dass alles, was du denkst und tust, ins Universum ausgesendet wird – alles. Und so bekommst du auf vielfache Weise deine Gedanken und Taten zurück. Hierbei sind immer die Gefühle, *die du dabei hast,* sehr, sehr wichtig. Denn die Gefühle sind deine Mess-Pegel.

Du solltest immer dann, wenn du bemerkst,
dass du in Emotionen verfällst,
die dir keine Freude bringen,
daran denken, dass du im gleichen Augenblick
mehr davon erzeugst.

Du erschaffst dein eigenes Leben mit deinen Gedanken
(und mit deinen Taten).

Aber da du sowieso bei allem, was du tust, dabei denkst,
ist es wichtiger,
auf die Gedanken und Gefühle zu achten,
als auf das, was du tust!

Du kannst für jemanden ein Essen zubereiten mit dem Gefühl der Liebe und Dankbarkeit, dass diese Lebensmittel zur Verfügung stehen, und du so dich und andere ernähren kannst. Du kannst es aber ebenso als Last empfinden, weil du eben gerade keine Lust zum Kochen hast. Was passiert?

Wenn du Liebe und Dankbarkeit empfindest, so sendest du eben diese Gefühle aus – du sendest sie auch in das Essen aus. Demnach sendest du Fülle aus. Wenn du jedoch Frustration währenddessen empfindest, so wird das Essen energetisch unbekömmlich – und du sendest diese Art Information aus.

Obwohl du rein äußerlich gesehen die gleiche Handlung ausführst, ist das Ergebnis vollkommen verschieden! Aber in beiden Fällen kommen die ausgesendeten Signale zu dir zurück. Ganz sicher! Immer. Der Zeitpunkt ist für euch nicht so vorhersehbar, wie ihr es gerne hättet, aber das Universum antwortet euch präzise.

Und Gott ist Gnade.
Er kann also nichts anderes sein als gnädig.
Und deshalb ist es so, dass ihr
mit einem einzigen liebevollen Gedanken
viele eurer Gedanken der Nichtliebe ausgleicht.

Fangt einfach an, liebevoll zu denken und zu handeln.
Und schon ändert sich euer Leben spürbar:
Hin zu Liebe und Freude und Fülle.

Alles, was du aussendest,
kehrt zu dir zurück.
Vielfach.

Probiert es aus:
Achtet auf eure Gefühle, die ihr habt, wenn ihr gebt.
Sie sind es, die euch zeigen, was ihr empfangen werdet.
Präzise.

Das ist ein Gesetz, was immer wirkt.
Es ist das Gesetz der Resonanz.

Frieden erzeugt noch mehr Frieden.
Gewalt noch mehr Gewalt.
Von allem, was ihr aussendet,
erhaltet ihr noch mehr zurück.

Wenn ihr dieses einfache Gesetz wirklich begriffen habt,
so fangt an, es zu verinnerlichen.

Seid wachsam!
Überwacht eure Gedanken und Gefühle!

Denkt und fühlt so, wie ihr es selbst gerne hättet,
so, wie ihr euch wirklich fühlen wollt:
glücklich und friedvoll.

Und ihr werdet ernten, was ihr sät!
Ganz sicher.

In tiefer Liebe
Babaji

Konzentriert euch auf euren Atem

Geduldiges Vertrauen – bis der richtige Zeitpunkt da ist – ist ein weiterer wichtiger Aspekt in eurer Entwicklung. Manchmal scheint es so, als würde eure Entwicklung stagnieren. Dann habt ihr die Angewohnheit, sofort unsicher zu werden. So, wie du gerade eben!

(Anmerkung der Autorin: Babaji begann nicht – wie gewohnt – gleich mit mir zu reden, sondern wartete so lange, bis mir Zweifel kamen, ob er überhaupt möchte, dass wir heute am Buch weiter schreiben.)

Ihr glaubt immer noch, dass euer Leben angefüllt sein müsste mit äußeren Aktivitäten. Doch eure inneren Aktivitäten sind sehr viel wichtiger für euch. Wenn ihr also bemerkt, dass ihr plötzlich mehr Zeit habt, als erwartet, so nutzt dieses Geschenk, um eure innere Welt zu erforschen. Und das könnt ihr nur tun, indem ihr euch vom Getöse der äußeren Welt abwendet. Es gibt viele Methoden, zur Ruhe – zur inneren Ruhe – zu finden. Eine davon ist:

Konzentriert euch auf euren Atem.

Beobachtet euren Atem. Ganz genau. So genau, wie ihr es noch nie getan habt. Sehr bald werdet ihr Nuancen bemerken. Ihr werdet wissen, dass immer ein Zusammenhang besteht zwischen eurer Art zu atmen und eurer Stimmung. Wer beeinflusst wen?

Wenn eure Stimmung euren Atem beeinflusst, so muss es doch logischerweise so sein, dass ihr auch mit eurer Art zu atmen eure Stimmung beeinflussen könnt. Diese Tatsache könnt ihr euch alle zunutze machen. Immer, wenn ihr in eine Stimmung verfallt, die euch keine Freude bringt, so konzentriert euch auf euren Atem. Versucht, augenblicklich ruhiger zu atmen. In einem langsamen, angenehmen Rhythmus – durch die Nase. Macht eine minimale Pause zwischen Ein- und Ausatmen, sowie auch zwischen Aus- und Einatmen. Fühlt, wie sich euer gesamter Körper beim Atmen bewegt. Also fühlt, wie er sich beim Einatmen ausdehnt, um sich beim Ausatmen wieder zusammenzuziehen. Konzentriert euch auf diese inneren Vorgänge, und ihr werdet garantiert sofort ruhiger. Sofort! Doch es ist nur möglich mit wirklich hoher Konzentration.

Sammelt – fokussiert – all eure Gedanken darauf, wie ihr gerade atmet, und sorgt dafür, dass euer Atem ruhig wird.

Ist euer Atem ruhig, so seid auch ihr ruhig.
Ist euer Atem unruhig, so seid auch ihr unruhig.

Die Kontrolle über den eigenen Atem zu erhalten, liegt in eurer Macht. Und wenn ihr die Kontrolle über euren Atem erlangt, so erlangt ihr auch die Kontrolle über eure Gefühle, eure Stimmung, euer gesamtes Leben. Probiert es aus!

Am besten gleich, wenn ihr das nächste Mal spürt, dass ihr in Gefühle verfallt, die euch nicht glücklich machen, so konzentriert euch einfach auf euren Atem. Und ändert ihn. Sorgt dafür, dass aus eurem ruhelosen Atem ein gleichmäßiger, angenehm ruhiger Atem wird, und schon seid ihr ebenfalls ruhig und habt angenehme Gefühle.

Mit der Kontrolle eures Atems könnt ihr sehr schnelle Fortschritte in eurer Entwicklung erzielen. Aber ihr müsst diese Kenntnis auch anwenden. Nicht nur, während ihr euch die Zeit für Meditation nehmt, sondern in eurem gesamten Leben. Auch im Alltag, sogar besonders im Alltag!

Deshalb erhaltet ihr all diese Hinweise, nämlich, um sie ständig anzuwenden – in eurem gesamten Leben.

Auf diese Weise werdet ihr verstehen, dass euer gesamtes Leben Meditation sein kann, das heißt, in eurem gesamten Leben seid ihr fähig, in eurer Mitte zu bleiben, insofern ihr das wollt. Mit dieser einfachen Atemübung, die ständig angewendet werden sollte, könnt ihr selbst erleben, wie ihr langsam, aber sicher wieder die Herrschaft über euer eigenes Leben bekommt. Und dort führt euch der spirituelle Weg hin. Wieder ganz zu sein, das heißt, eure eigene natürliche Ganzheit wieder zu entdecken.

Beobachtet euren Atem.

Eine einfache Aufgabe, so scheint es. Wenn ihr aber wirklich diese Aufgabe 24 Stunden ununterbrochen durchführen könnt, so habt ihr Selbstverwirklichung erreicht. Beobachtet euch selbst dabei, wie lange ihr es wirklich vermögt, eure Konzentration bei euren Atembewegungen zu lassen. Ihr werdet über euch selbst staunen, wie schnell ihr wieder abschweift. Alle selbstverwirklichten Meister haben die Kontrolle über ihren Atem erlangt. Ständig.

Durch stetige Übung und einen starken Willen könnt ihr wirkliche Fortschritte in eurer Entwicklung erzielen. Aber nur, wenn ihr auch praktisch anwendet, was ich euch hier sage, werdet ihr selbst eure eigenen Erfahrungen sammeln können, die ihr benötigt, um euch weiterzuentwickeln.

Beobachtet euren Atem.
Lasst ihn ruhig werden.
Diese einfache Technik beruhigt eure Gedanken
und bringt Ruhe in euer Leben.

Es nützt euch nichts,
einen ruhelosen, hastigen Atem zu beobachten.
Ihr müsst ihn ändern – zur Ruhe bringen.

Lebt! Atmet!
Atmen ist Leben.
Ohne Atmung ist kein Leben möglich.

Und wenn ihr eine Weile euren Atem beobachtet habt, so fragt euch selbst, wer es ist, der da eigentlich atmet. Euer Körper? Wenn es so wäre, dann müsste ein toter Körper auch atmen, denn er hat alle anatomischen Voraussetzungen dazu.

Wer oder was atmet?
Bitte, fragt euch wirklich selbst.
So könnt ihr durch Selbsterfahrung
sehr einfach feststellen,
wer oder was atmet.

Es ist eure Seele, die den Impuls gibt.
Spürt in euch hinein.

Nehmt euch die Zeit,
die ihr geschenkt bekommt,
für euch selbst.

Lasst euch nicht ablenken.
Lernt euch wieder selbst kennen.

....

Warum brauchst du immer eine Überschrift?

Alles ist eins. Überschriften zerteilen die Einheit in scheinbare Stücke. Du betrachtest dadurch automatisch nur den Aspekt des Seins, der in der Überschrift erfasst ist. Alles andere bezeichnet ihr sogar als ‘Vom-Thema-Abweichen’. Wie aber wollt ihr vom Thema abweichen, wenn in Wahrheit alles eins ist?

*Über*schrift soll das Thema sein. *Unter*schrift soll was sein? Wozu *unter*schreibt ihr? Wieso *über*schreibt ihr nicht? Manche Worte in eurer Sprache sind wahrlich verwirrend, wenn ihr euch die Zeit nehmt, sie genauer zu betrachten. Was also ist eine Überschrift? Eine Zusammenfassung eines Themas. Die Essenz des Textes. Jedoch von einer Überschrift allein lernt ihr noch nichts. Vielleicht würden viele von euch sogar dieses Kapitel auslassen, wenn die Überschrift ‘Überschrift’ heißen würde. Niemand würde sich mit einem Thema, welches Überschrift heißt, wirklich befassen wollen.

Was ist der Zusammenhang von Überschriften und eurem Leben? Ihr verwendet ständig für alles Mögliche Überschriften, das heißt, übergeordnete Bezeichnungen. Für euer Denken mag das wie eine vereinfachende Hilfe erscheinen, doch in Wahrheit begrenzt ihr euer Denken sofort auf ein einziges Thema. In euren Schulen wurde und wird gelehrt, einen Aufsatz zu schreiben mit einem ganz bestimmten Thema. Wehe dem, der vom Thema abschweift.

Aber wer abschweift, erfasst oft den wirklichen Zusammenhang. Nämlich, dass in Wahrheit alles eins ist, untrennbar miteinander verbunden ist. Hört auf damit, in Schubladen zu denken. Öffnet euer gesamtes Potenzial! Verschafft euch einen Überblick, aber verzettelt euch danach nicht in Details, um dadurch den großen, allumfassenden Zusammenhang zu vergessen. Ihr beschränkt euch sehr, wenn ihr innerhalb von vorgegebenen Themen denkt.

Im wahren Leben gibt es keine isolierten Themen, denn alles ist miteinander verbunden. Nehmt ein Beispiel:

Wenn ihr als Thema 'Blume' wählt, so könntet ihr alles Mögliche darüber schreiben. So viele Arten von Blumen gibt es, so viele Düfte, so viele Stadien (Saat, Keimling, Blüte, Frucht...), so viele Standorte, so viele Farben, so viele andere Möglichkeiten.

Blume nennt ihr auch den Schaum auf einem Bier, oder jemand kann Blume heißen. Was also schreibt ihr, wenn als Überschrift Blume stehen würde? Ihr müsstet euch entscheiden. Und wieder und wieder untergliedern, immer mehr ins Detail gehen. Solange, bis ihr so wenig übrig gelassen habt, dass das große Ganze nicht mehr beschrieben werden würde.

Kann man denn das All-Eins-Sein überhaupt beschreiben?
Wohl eher nicht.

Aber das All-Eins-Sein mit allem, was ist,
kann man erfühlen, erspüren, erfahren.
Durch Alleinsein.

Und jede Erfahrung, die ihr macht, ist so allumfassend, dass ihr oft sagt, wenn ihr davon erzählen wollt: „Ich weiß gar nicht, wo ich mit meiner Erzählung anfangen soll." In diesem Moment erkennt ihr unbewusst die Zusammenhänge, nämlich, dass alles zusammenhängt. Dass es keine klare Trennung gibt, dass alles, was geschieht, Ursachen hat, die entweder weit zurück liegen oder nahe liegend sind. Jedoch geschieht nichts allein, nichts aus dem Zusammenhang Herausgenommenes.

Und es ist wirklich wichtig, dass ihr wieder erkennt, dass ihr euer theoretisches Denken (in Überschriften / Untergliederungen) nur als Hilfestellung benutzen solltet. Viele von euch benutzen aber das theoretische Denken als absolute Wahrheit.

Alles, was ihr denkt, muss sich manifestieren.
Erinnert ihr euch?

Und wenn ihr diese zergliedernde Art des Denkens benutzt, so müsst ihr die Erfahrungen von Getrenntsein (Zer-glied-ertsein) machen.

Deshalb beachtet bitte, dass in Wahrheit alles eins ist.
Versucht, euer Denken danach auszurichten.
Denn euer Denken bestimmt euer Leben!

Wenn ihr die Erfahrung von Einheit erleben wollt, so ändert eure Denkweise. Am Anfang dieses Buches hat Gott einen Abschnitt gewählt, in dem er anhand eines Bleistiftes die Zusammenhänge erklärt. Wenn ihr dieses Beispiel* weiter und weiter denkt, so müsst ihr zu dem Schluss kommen, dass es kein Getrenntsein gibt.

Nehmt also ab jetzt Überschriften als das, wozu sie gedacht waren. Als Hilfe, sich einen Überblick zu verschaffen, jedoch nicht dazu, um den Überblick zu verlieren.

Lasst euch nicht mehr beschränken.
Überwindet die Schranken,
die ihr euch selbst erschaffen habt!

Öffnet die Schranken, lasst sie offen.
Baut stattdessen Brücken,
so könnt ihr euch fortbewegen,
ohne aufgehalten zu werden.

'Baut Brücken' bedeutet: Lasst euch von nichts mehr aufhalten. Von Brücken aus hat man auch einen besseren Überblick, als wenn man vor einer Schranke stehen muss und darauf wartet, dass sie irgendwann geöffnet wird.

---

* Seite 20

Nehmt euer Leben selbst in die Hand.
Und das beginnt mit eurem Denken.
Beschränkt euch nicht mehr auf das,
was man euch eingeredet hat,
sondern erweitert euer Bewusstsein.

Achtet auf alles!

Auf jedes Gefühl, welches ihr habt, auf jeden Hinweis, den ihr bekommt. Kommt heraus, aus euren Überschrifts-Kästen. Seht euch an, was es noch so alles gibt. Seht euch das Leben an, ohne darüber zu urteilen, das heißt, ohne alles, was ihr erlebt, in eure vorgefertigten Meinungs-Schubkästen zu stecken.

Öffnet eure Schranken.
Beschränkt euch nicht mehr selbst!
Öffnet euer Denken.
Öffnet euer Fühlen.
Öffnet euer Herz.

Auf diese Weise könnt ihr erfahren,
was Einheit bedeutet.
Einheit, mit allem, was ist.

Alleinsein = Alles ist eins.
Ihr habt daraus 'allein' gemacht – in eurem Denken.

All-ein(s) ist Wahrheit.
Alleinsein existiert nur in eurem theoretischen Denken!
Denn allein sein oder All-ein(s) ist dasselbe.
Es erscheint nur anders,
weil ihr in unterschiedlicher Weise
in eurem Denken damit umgeht.

Nutzt das nächste Mal,
wenn ihr allein seid,
die Gelegenheit, um so das All-Eins-Sein zu fühlen.

Konzentriert euch auf euer Herz.
Achtet auf eure Atmung.

Und versucht doch nun einmal selbst für diesen Abschnitt eine passende Überschrift zu finden. Aber bitte so eine, von der dann niemand behaupten könnte, ich sei vom Thema abgewichen ...

Babaji lächelt ...

Wir sind alle eins.

Alleins

Alleinsein = *All-Eins*-Sein

Das gilt es, wieder zu fühlen.
Wirklich wieder zu fühlen.

OM NAMAH SHIVAYA

Die Energiezentren

Wie funktioniert ein Körper? Dass ein toter Körper nicht mehr funktioniert und nach kurzer Zeit verfällt, ist uns allen bekannt. Einfach deshalb, weil wir diese Tatsache sehen. Bei Menschen, bei Tieren, bei Pflanzen. Alles, was gestorben ist, hört augenblicklich zu leben auf. Warum? Weil der Steuermann von Bord gegangen ist. Ohne Steuermann ist kein Ziel mehr da. Keine Notwendigkeit, den Körper am Leben zu erhalten. Wer aber ist der Steuermann? Insgeheim wissen wir es alle! Wir wissen, dass es die Seele ist. Wenn auch vielen noch unklar ist, was die Seele ist, aber jeder weiß, dass er eine Seele hat.

Ich sage euch:
Ihr habt diese Seele nicht nur,
sondern ihr selbst seid diese Seele.

Das würde bedeuten, dass euer Körper, wenn ihr ihn (als Seele) verlasst, nicht mehr weiter existieren kann. Weil niemand mehr ihm innewohnt – niemand mehr, der ihn am Leben erhält.

Wie erhaltet ihr den Körper am Leben, solange ihr ihn bewohnt? Es handelt sich um ein sehr komplexes, wunderbares System von Energiezentren, die jedes für sich und auch gemeinsam Aufgaben haben. Diese Energiezentren sind für die physischen Augen nicht sichtbar. Inzwischen gibt es aber Geräte, die die Energien messen können, die von diesen Energiezentren ausgehen. Inzwischen ist es auch wissenschaftlich bewiesen, dass diese Energiezentren, also diese Chakren wirklich existieren. Im Körper befinden sich die Hauptchakren – Hauptsteuerzentralen – innerhalb des Kopfes und der Wirbelsäule. Es gibt noch viele kleinere, doch deshalb ebenso wichtige Chakren, auf die ich hier nicht eingehen werde. Aber wie funktioniert ein Chakra? Es erhält seine Energie von der göttlichen Quelle. Direkt. Einfach nur deshalb, weil eure Seele – also ihr selbst – beschlossen habt, gerade jetzt in eben diesem Körper zu wohnen.

Diese göttliche Energie ist der Inhalt der Batterie. Die Chakren sind die Batterien, mit göttlicher Energie angefüllt. Und die Seele – ihr – bestimmt, wie viel Energie davon genutzt wird, beziehungsweise wohin die Energie gelenkt wird. Bisher geschah das alles eher unbewusst.

Egal, ob ihr wusstet, dass ihr solch wundervolle Chakren besitzt, sie funktionierten, wenn auch eingeschränkt. Inzwischen fließt diese göttliche Energie – in diesem Beispiel der Strom – leichter auf der Erde, das heißt, die Chakren können leichter und effektiver Energie beziehen. Alles läuft schneller und reibungsloser ab. Das ist so für jeden, der dieses Prinzip begriffen hat. Wer begriffen hat, dass es da eine Kraft gibt, die alles erhält (die göttliche Energie), der weiß auch, dass sie seinen Körper am Leben erhält.

Durch den Atem erhaltet ihr auch Energie – aus der gleichen Quelle. Oder was glaubt ihr, woher die ganze Energie kommt, die ihr als Sauerstoff bezeichnet? Von den Bäumen? Erst sind die Bäume erschaffen worden, aber so viele habt ihr nicht mehr übrig gelassen, dass sie es alleine schaffen würden, so viel Sauerstoff zu produzieren ... Ein ausgeklügeltes Energiesystem. Im Außen auf der Erde. Und im Inneren – in eurem Inneren.

Die Chakren drehen sich. Durch diese Drehbewegung geben sie euch die nötige Energie, die ihr braucht, um zu existieren. Welches Chakra am meisten arbeitet, ist immer davon abhängig, welches ihr am meisten benutzt. Meist habt ihr jedoch nur die unteren drei Chakren benutzt – unbewusst – und dadurch seid ihr so sehr mit der materiellen Welt verbunden.

☼ Denn die Aufgabe des *Wurzel-Chakras* ist es, dafür zu sorgen, dass ihr alles, was ihr hier auf der Erde braucht, erhaltet. Es erfüllt eure materiellen Wünsche.

☼ Das *Sexual-Chakra* verrät seine Funktion schon durch seinen Namen.

☼ Das *Solarplexus-Chakra* ist für euch da, um die Nahrung zu beschaffen, die ihr wünscht.

☼ Das *Herz-Chakra* sorgt dafür, dass ihr Emotionen haben könnt, es ist der Sitz eurer Gefühle, eurer Liebe und auch aller anderen Eigenschaften.

☼ Das *Hals-Chakra* sorgt für eure Intelligenz und die Art, wie ihr kommuniziert.

All diese Chakren sind dafür da, euren Körper hier auf der Erde zu erhalten und euch das menschliche Leben zu ermöglichen.

☼ Das nächste Chakra befindet sich bereits im Kopf. Es ist euer *Seelen-Chakra.* Und dort hinauf kann keines der unteren Chakren gelangen. Wenn ihr dort verankert seid, so habt ihr sehr, sehr vieles in eurem Leben bereits überwunden: nämlich den Glauben, dass ihr nur der Körper seid oder die nie aufhörenden materiellen und sexuellen und Nahrungs-Wünsche. Ebenfalls eure Emotionen können euch schon nicht mehr so überfallen und für Chaos sorgen. Kommunizieren bedeutet, nicht mehr auf einem festen Standpunkt zu beharren, sondern das Leben anzunehmen ... so, wie es ist.

Wie gelangt man dorthin? Ganz einfach.
Mit der Kraft eurer Gedanken.
Mit dem Wunsch,
endlich euch selbst wieder kennenlernen
zu wollen.
So gelangt ihr dorthin.
Gleichzeitig werdet ihr immer mehr spüren,
dass in eurem Herzen die Liebe wohnt.

☼ Am höchsten Ende eures Körpers befindet sich Sahasrara – das *Kronen-Chakra.* Das ist das Chakra, das euch mit der Göttlichkeit verbindet.

Stellt euch euer Leben – eure vielen Leben – so vor
wie eine Wanderung.
Eine Wanderung vom untersten Tal (Chakra)
bis zum Gipfel des Berges.

Ihr werdet stetig bergauf gehen. Vielleicht Rast machen. Kürzer oder länger an einem Ort bleiben, bis ihr den Wunsch habt, noch höher zu steigen. Also geht ihr weiter. Erinnerungen werden wach, manchmal bewegen sie euch dazu, wieder bergab zu gehen, um nachzuschauen, ob es dort noch so schön ist wie einst in eurer Erinnerung. Irgendwann aber wird es euch langweilig, und ihr setzt eure Reise zum Gipfel des Berges fort. Je höher ihr kommt, desto wunderschöner wird die Aussicht, desto klarer die Luft, desto freier fühlt ihr euch. Doch seid wachsam! Es bedarf größerer Wachsamkeit – ihr könntet abrutschen, um tief zu fallen, oder ein Unwetter könnte euch überraschen oder der Wintereinbruch. Alles zu seiner Zeit!

Geht ... Geht zum Gipfel.
In eurem Tempo! Und seid wachsam.
Ihr müsst nach und nach von unten nach oben gehen.
Langsam, aber sicher.

Und nur, wenn ihr sinnbildlich die Stationen des Berges so lange angeschaut und dort gelebt habt, dass sie euch nicht mehr reizen können, länger dort zu verweilen, seid ihr bereit, höher zu gehen. Ohne Reue und *freiwillig*.

Erst, wenn euch nichts mehr hält,
seid ihr bereit, weiterzugehen,
um höhere Gefilde zu erforschen.

Und so könnt ihr euch euren Lebensweg vorstellen:
Eine Wanderung, bei der ihr selbst bestimmt,
wo entlang und in welchem Tempo ihr wandert.

Es ist eure Reise. Darum seid ihr hier.
Um vom tiefen Tal, wo ihr keinen Überblick habt,
hinauf zu wandern auf den höchsten Berg,
wo ihr – bei strahlendem Wetter –
einen wunderbaren Ausblick habt.

Der richtige Zeitpunkt ist wesentlich für eure Wanderung.
Und Wachsamkeit.
Meistert all die scheinbaren Schwierigkeiten!
Sie gehören zur Wanderung dazu.
Nur der, der wirklich auf diesen Berggipfel will,
wird die Strapazen auf sich nehmen.
Die, die noch nicht bereit dazu sind,
werden denjenigen sogar für verrückt halten.
So entscheidet jeder selbst, welchen Weg er gehen will.
Und in welchem Tempo und in welcher Weise.

Je höher man kommt, desto weniger Menschen werden einem begegnen. Deshalb ist es weise, sich in den höheren Regionen einem erfahrenen Bergführer anzuvertrauen, der weiß, wo entlang der Weg führt – der auch die Irrwege kennt und sie nicht gehen wird.

Dieser Bergführer ist eure eigene Seele
in Verbindung mit einer Seele,
die schon weiß, dass sie selbst die Seele ist,
nämlich einem selbstverwirklichten Meister oder Guru.
Dieser kann euch vertrauensvoll führen – zum Gipfel.
Aber gehen müsst ihr den Weg selbst.

Ihr müsst dem Bergführer auch nicht folgen. Aber wenn ihr dem Bergführer bedingungslos und voller Vertrauen folgt, so kommt ihr sicherer und schneller zum Gipfel. Mögliche Gefahren wird er erkennen und euch darauf hinweisen oder sie beseitigen.

Aber gehen müsst ihr den Weg selbst.
Aus eigener Kraft heraus,
aus eigenem freiem Willen heraus.

Der Bergführer wird nicht auf die Idee kommen, euch zu tragen oder euch mit Gewalt auf den richtigen Weg zu führen. Er wird sehr geduldig warten, ob ihr ihm folgt, euch vor Irrwegen warnen, aber euch nicht daran hindern, andere Wege zu gehen, falls ihr das wünscht. Es liegt absolut an euch. Und ihr werdet euch nur einem solchen Bergführer anvertrauen, dem ihr ganz und gar vertraut. Das ist eine Voraussetzung in großen Höhen.

Geht euren Weg.
Alle Hilfe ist euch gewiss, ihr braucht nur darum zu bitten,
um Führung zu bitten,
und sie wird euch sofort gewährt.

Der geistige Bergführer
ist für eure physikalischen Augen unsichtbar.
Aber ihr werdet in eurem Herzen fühlen,
wenn ihr ihn gefunden habt.
Und er wird euch erst dann begegnen,
wenn ihr bereit dazu seid, in Höhen heraufzusteigen,
die der Führung bedürfen.

Solange ihr im Tal bleiben wollt,
wird euch kein Bergführer dazu bringen wollen,
mit ihm den Gipfel zu besteigen.

Denn er weiß, dass ihr Mut, Geduld
und einen starken Willen dazu braucht,
um bis ans Ziel zu gelangen.

Niemand bringt euch.
Ihr allein entscheidet, wann ihr geht.

Eines Morgens werdet ihr aufwachen und wissen,
dass es an der Zeit ist, nicht nur davon zu träumen,
wie es wäre, auf dem Berggipfel zu stehen
um die Aussicht zu genießen,
das heißt, wieder alles Wissen zu haben ...

Ihr werdet eure Sachen packen
– nur das Allernotwendigste –,
denn ihr müsst alles selbst tragen
und werdet *freiwillig* zurücklassen,
was zu schwer oder unnützer Ballast ist.

Und dann geht ihr los.
Unterwegs werdet ihr euren Bergführer treffen.
Vielleicht versucht ihr auch, ihn selbst zu finden.

Aber ich garantiere euch:
ER findet euch.
Genau zum richtigen Zeitpunkt.

Habt Vertrauen.
Seid frohen Mutes.

PHURO
Sei frohen Mutes und öffne dich dem göttlichen Geist!

OM NAMAH SHIVAYA

If you are happy, I am happy.
Be happy.

Babaji

Wenn du glücklich bist, bin ich glücklich.

Sei glücklich.

Babaji

Nachwort zur 2. Auflage

von Dr. Gerhard Rackur

Wie sich alles zusammenfügte …

Am Ende dieser Neuauflage möchte ich noch einmal den vielen wunderbaren 'Zufällen' nachzuspüren, die mich dazu geführt haben, Shantima Petra Sollgruber kennenzulernen und aktiv an der Neuauflage ihres Buches mitzuwirken.

Meine erste Bekanntschaft mit Babaji und seiner Botschaft von Wahrheit, Einfachheit und Liebe machte ich durch *Leonard Orr*, dem Gründer der Rebirthing-Bewegung, als ich im Jahre 1993 an einer 'Visionquest'-Woche mit ihm in den Kufsteiner Alpen teilnahm. Diese Begegnung hat mich tief beeindruckt und meinem Leben einen ganz wichtigen, neuen Impuls gegeben.

Leonard war eine sehr charismatische Persönlichkeit mit einer faszinierenden Ausstrahlung. Ich erinnere mich noch sehr gerne daran, wie er mit viel Liebe, einem feinen Sinn für Humor und einer unendlich scheinenden Geduld auf jeden Seminarteilnehmer einging.

Von 1977 bis 1984 hatte er Babaji jedes Jahr in seinem Ashram in Haidakhan besucht und eine lange Zeit mit ihm verbracht. Leonard hatte durch die Gnade Babajis eine außergewöhnliche Gabe erhalten: Er konnte SEINE Energie an andere Menschen weitergeben, gleichsam wie einen Segen. Diese Energie war auch während des gesamten Retreats zu spüren – irgendwie war Babaji im Geiste immer anwesend!

In dieser inspirierten und inspirierenden Atmosphäre fiel mir ('zufällig'?!) ein Buch in die Hand mit folgendem Titel:

UNIFIED
A Course on Truth and Practical Guidance
from Babaji.

Es ist gechannelt von dem Amerikaner Roger G. Lanphear.

Was mich an diesem Buch – natürlich neben dem Inhalt – sofort fasziniert hatte, war die Sprache, in der es geschrieben war: klar und kraftvoll und mit einer brillanten Einfachheit! Dazu habe ich später noch ein wunderbares Beispiel.

Das Buch war damals nur in der amerikanischen Originalversion verfügbar. Ich fing deshalb in meiner Begeisterung gleich an, die ersten Kapitel zu übersetzen – zunächst nur gedacht für einen kleinen Kreis von Freunden und Bekannten, die Interesse an solchen Themen hatten. Dann aber wurde mir klar, dass es viel zu schade wäre, dieses tolle Buch nur für einen kleinen Kreis zu übersetzen; ich wollte es unbedingt für eine möglichst große Zahl von Lesern zugänglich machen!

Also ging ich auf die Suche nach einem Verlag in Deutschland, der schon Erfahrung mit Babaji und Büchern von beziehungsweise über Babaji hatte. Dabei wurde ich auf Frau Gertraud Reichel in Weilersbach aufmerksam, die mehrmals in den Jahren 1979 bis 1984 Babaji besucht und ihn auf einigen Reisen durch Indien begleitet hatte.

Ihr habe ich meine Übersetzung des ersten Kapitels zugeschickt und ihr meine Idee vorgeschlagen, dieses Buch ins Deutsche zu übersetzen – falls das nicht schon anderweitig geschehen würde. Sie war von meiner Übersetzung sehr angetan, hatte daraufhin den amerikanischen Verlag kontaktiert und konnte die Rechte für den deutschsprachigen Raum erwerben. Danach hatte ich also grünes Licht, das ganze Buch ins Deutsche zu übertragen.

Die Übersetzung war für mich eine sehr tiefgehende Erfahrung – wie eine Textmeditation. Babajis einfache Sprache geht sofort zu Herzen, denn seine Wortwahl hat nur einen einzigen Grund: alle, die das Buch lesen, in Liebe zu erreichen.

Einfachheit ist die Sprache der Liebe.

Er liebt es auch, geniale Wortspiele zu benutzen, um uns einen speziellen Punkt seiner Botschaft auf besonders anschauliche Weise klarzumachen. Diese Wortspiele lassen sich aber oft nicht einfach 1:1 ins Deutsche übertragen – eine echte Herausforderung für den Übersetzer!

Hier eines meiner Lieblingswortspiele, zum Thema 'Vergebung':

> „This little concept spells out the misunderstood concept of forgiving. Life is for giving love. For giving. For giving love. That is forgiveness. Nothing else."

In meiner Übersetzung klingt das so:

> „Dieses kleine Konzept entschlüsselt das missverstandene Konzept der Vergebung: Leben heißt, Liebe zu geben – zu vergeben. Liebe zu vergeben. Das ist Vergebung. Sonst nichts."

So klar und einfach ...

Ende 1996 war die Übersetzung dann vollendet. Das Buch erschien im Folgejahr mit dem Titel

DER KURS ZUM SELBST
In Wahrheit und Liebe
von Babaji

Meine Mitwirkung an der Neuauflage dieses Buches, das Sie, liebe Leserin und lieber Leser, jetzt in Händen halten, beruht auf einer Reihe von 'Zufällen', die mir auch im Nachhinein immer noch eine Gänsehaut erzeugen. Wie kam es dazu?

Im November 2017 hatte ich den starken inneren Impuls, zu recherchieren, ob neue Bücher von beziehungsweise über Babaji erschienen waren, die ich noch nicht kannte.

Dabei stieß ich auf Shantima Petra Sollgruber, die schon seit einiger Zeit Botschaften von Babaji empfangen hatte und in Buchform herausgebracht hat. Es gibt inzwischen 3 Bände von ihr:

1. Babajis Anleitung zum Glücklichsein *(damals vergriffen)*
2. Babajis Anleitungen für die Neue Zeit, Band 1
3. Babajis Anleitungen für die Neue Zeit, Band 2

Ich bestellte mir den Band 2 der ‚Anleitungen für die Neue Zeit' direkt über die Homepage von Shantima Petra Sollgruber, weil ich auf diesem Weg das Buch mit einer persönlichen Botschaft von Babaji bekommen wollte. Gleichzeitig fragte ich nach, ob eine Neuauflage des ersten Buches, 'Anleitung zum Glücklichsein', geplant sei.

Zusammen mit der Bestätigung meiner Bestellung antwortete Shantima mir zum Thema 'Neuauflage', sie hätte schon häufiger Anfragen nach einer Neuauflage bekommen, aber – '*warum auch immer*' – hätte ich ihr jetzt den entscheidenden Anstoß gegeben.

Ich habe ihr daraufhin zunächst für die Bestätigung der Bestellung gedankt und bin anschließend etwas ausführlicher geworden. Ich schrieb ihr, ich hätte das Gefühl, dass hintergründig noch mehr passiert wäre, und dachte dabei an ihr '*warum auch immer*'. Hätte ich nämlich das Buch „Babajis Anleitung für die Neue Zeit, Band 2" direkt im Internet oder in einer Buchhandlung bestellt, ohne auf ihre Homepage zu gehen, dann wäre ich wahrscheinlich nie in Kontakt mit ihr gekommen und ich hätte vielleicht auch nie nach der Neuauflage gefragt. Warum hatte jetzt dieser Zufall dazu geführt, dass ich zum Boten des Schicksals für Shantima wurde?

Als mögliche Erklärung schrieb ich ihr, dass auch ich eine besondere Affinität zu Büchern von und über Babaji hätte, und gab mich dann als Übersetzer von dem Buch 'Kurs zum Selbst' zu erkennen. Ein paar Tage später bekam ich einen unerwarteten Telefonanruf von Shantima: Sie müsse mich jetzt unbedingt einmal anrufen, weil sie mir das, was ihr am Herzen läge, nicht per E-Mail, sondern nur persönlich sagen wolle.

Sie erzählte mir, dass ich ihr vor Jahren das Leben gerettet hätte, und wollte sich dafür ganz herzlich bedanken. Ich war zunächst natürlich völlig perplex, bekam aber gleichzeitig eine Gänsehaut! Was war passiert?

Es war "Der Kurs zum Selbst", der für Shantima alles bisher Geglaubte veränderte. Sie wurde in Wahrheit, Einfachheit und Liebe zu ihrem Höheren Selbst geführt.

Am Anfang dieses Buches hat Shantima die persönliche Krise beschrieben, die letztlich zu einem Wendepunkt in ihrem Leben wurde: *Wie alles begann ...*

Ich erkannte in diesem Moment schlagartig, dass hinter all diesen Zufällen eine klare Aufgabe für mich stand: nämlich an der Neuauflage dieses Buches aktiv mitzuwirken. Deshalb bot ich Shantima an, das Lektorat zu übernehmen und auch ein neues Vorwort und ein Nachwort zu verfassen. Sie stimmte begeistert zu – unter Freudentränen.

Inzwischen haben wir mit der Veröffentlichung dieses Buches unser erstes Gemeinschafts-Projekt abgeschlossen, und es ist Zeit für ein kurzes Resümee und eine kleine Nachbetrachtung:

Es ist für mich persönlich faszinierend zu sehen, dass sich im Nachhinein die verschiedenen 'Zufälle' wie in einem Mosaik oder Puzzle zu einem Gesamtbild zusammenfügen (und das über eine sehr lange Zeit, über 25 Jahre!), und zu erkennen, dass diese Fügung etwas zu tun hat mit meiner Lebensaufgabe – nämlich Bücher zu schreiben und zu übersetzen –, und das erfüllt mich mit tiefer Dankbarkeit. Mit Dankbarkeit erfüllt mich auch, dass ich mit meiner Übersetzung Shantima in einer kritischen Phase ihres Lebens einen wichtigen neuen Impuls geben konnte, der wunderbare Früchte getragen hat: Inzwischen hat sie schon 3 Bände mit Babajis Anleitungen verfasst, und weitere sind in Vorbereitung.

Zum Schluss noch ein ganz persönlicher Gedanke zum Untertitel des Buches, der ja direkt von Babaji stammt:

Lerne Dich Selbst kennen
mit all Deinen Facetten

Babaji liebt prägnante Wortspiele, wie ja schon erwähnt. Ein solches Wortspiel erkenne ich auch in dem Wort 'Facetten':

Vordergründig sind hier die einzelnen Aspekte der Persönlichkeit gemeint, aber dahinter – sozusagen als Hintergrundbild – schimmert für mich ein wunderschöner Diamant, der uns mit seinen kunstvoll geschliffenen Facetten die ganze Schönheit, die im weißen Licht verborgen ist, in einem faszinierenden Farbenspiel sichtbar macht.

Übertragen wir das Bild des Diamanten auf uns selbst, so erkennen wir:

Jeder von uns ist ein von Gott als Unikat erschaffener, funkelnder Diamant mit einzigartigen Facetten, die von innen heraus im Lichte SEINER Liebe erstrahlen. Wenn wir SEINE Liebe durch uns fließen lassen und die ganze Schönheit SEINES Lichtes auf unsere ganz individuelle Weise zum Leuchten bringen, so erfüllen wir damit unseren wahren Lebensplan – und dann stellt sich Glücklich-SEIN ganz von selbst ein.

Unsere einzigartigen Facetten sind dabei *unsere wahren Talente*, die wir als *Geschenk* und Auf-*Gabe* in dieses Leben mitgebracht haben – unsere wahre Be*gabung*.

In diesem Sinne möchte ich zum Abschluss den Titel des Buches ergänzen:

Lerne Dich Selbst kennen
mit all Deinen Facetten:
Du bist wie ein Diamant

Om Namah Shivaya

Über die Autorin

Shantima Petra Sollgruber

Jahrgang 1961, ist in Thüringen geboren und aufgewachsen. Nach einem bewegten Leben der Sinnsuche und Wanderung lebt sie jetzt zusammen mit ihrer Familie wieder in Thüringen auf dem Land. Hier entstand auch dieses Buch.

Mehr Informationen findet ihr hier:

www.omra-lichtboten.de

Weitere Bücher der Autorin:

Babajis Anleitungen für die Neue Zeit

Band 1

ch. falk-verlag
ISBN 978-3-89568-215-5
Pb / 252 Seiten / 16,90 €

Babajis Anleitungen für die Neue Zeit sind von praktischer Natur. Dieser große Lehrer der Menschheit versteht es wunderbar, in ganz einfachen Worten klarzumachen, was in einem jeden von uns verändert werden sollte, damit diese neue Zeit auf Erden kommen kann. Denn wir selbst sind es, die sie mit unseren Gedanken und Gefühlen erschaffen. In uns liegt der Schlüssel, der das Tor öffnen kann, verborgen. Und es hat sehr viel damit zu tun, dass wir uns selbst erkennen und das anerkennen, was wir in Wahrheit sind.

Babaji beginnt mit einer Anleitung zur Selbsterfahrung, die dermaßen simpel ist, dass sie einem einen echten AHA-Effekt verschafft. Immer aufbauend auf der tatsächlichen Erfahrung dessen, was er vorschlägt, entfalten sich im Leser nach und nach die Eigenschaften, die ihn zu einem neuen Menschen machen. Eine neue Welt ist dann nur das unvermeidliche Ergebnis daraus.

„Denkt friedvoller, und die Welt wird augenblicklich friedvoller sein.“

Babajis Anleitungen für die Neue Zeit
Band 2

ch. falk-verlag
ISBN 978-3-89568-254-4
Pb / 204 Seiten / 16,90 €

Wie kein anderer versteht es Babaji, der große Menschheitslehrer, das Wesentliche in den Blickpunkt zu stellen. Und das Wesentliche ist immer einfach. Es ist in jedem von uns – ist unsere Essenz – , und für den, der sehen will, gibt es auch einen einfachen Weg dorthin.

Diesen lehrt Babaji. Er veranlasst uns, wie schon im ersten Band seiner Anleitungen für die Neue Zeit, eigene Erfahrungen zu machen. Beispielhaft lässt er uns an seinem Zwiegespräch mit seiner Schülerin Shantima teilhaben, damit wir aus ihren Problemen und Fragen – weil sie auch die unseren sind – lernen können.

Folgen wir seinen Erklärungen und Aufforderungen, so sind wir am Ende dieses Buches unserem innersten Selbst ein großes Stück nähergekommen. Und das ganz einfach, fast spielerisch, weil es so große Freude macht, Babaji zuzuhören und auszuprobieren, was er vorschlägt.